カンボジアの教育制度と進路形成意識
初等・中等教育の現場から

ប្រព័ន្ធអប់រំនៅកម្ពុជា និងកត្តាទាក់ទងនឹងការសម្រេចចិត្ត របស់សិស្សនាពេលអនាគត

コン エン 著
KONG ENG

昭和堂

カンボジアの教育制度と進路形成意識──初等・中等教育の現場から　目次

序論

　1　本書の目的と方法 ————————————— *1*
　2　本書の構成 ————————————————— *2*

第1章：カンボジアの初等教育の現状と特色
───ポルポト政権後の発展とライフスキル政策─────── 7

　1　はじめに ————————————————————— 7
　2　データに基づくポルポト政権後のカンボジア
　　における初等教育の現状 ————————————— 9
　　（1）初等教育の定義と到達目標　*9*
　　（2）初等教育の制度　*11*
　　（3）学校数　*13*
　　（4）児童数の変化　*14*
　　（5）教員数の変化　*15*
　　（6）カリキュラム　*17*
　3　2006年の教育改革による「ライフスキル」
　　──"2005—2009年カリキュラム開発方策"を中心に── *19*
　　（1）「2005—2009年カリキュラム開発方策」による教育改革　*19*
　　（2）生涯学習の理念　*22*
　　（3）ライフスキルの重点政策　*24*
　　　　①基礎のライフスキル　*27*
　　　　②職業スキル　*27*
　　（4）地域ライフスキル　*27*
　　　　①「地域ライフスキル」の実践事例　*28*

i

4　カンボジア初等教育における課題 ——————————— 29

（1）初等教育の現状の課題　29

（2）カリキュラムの課題　30

5　おわりに ———————————————————————— 31

参考文献　33

第2章：カンボジアの初等教育における進路意識の形成——都市部と農村部の小学校調査を中心に ————— 35

1　はじめに ——————————————————————————— 35

2　キャリア教育の視点 ————————————————————— 36

3　カンボジアの教育制度 ———————————————————— 39

（1）カンボジアの教育略史　39

（2）カンボジアにおけるキャリア教育と進路形成の特色　41

①カンボジアにおけるキャリア教育の特徴　41

②ライフスキル・プログラム　42

③職業訓練（TVET）　43

④進路形成の課題　44

4　初等教育における進路形成の実態と課題 ——————— 45

（1）初等教育における進路形成に関する調査の概要　45

①調査の目的・機関　45

②調査地域の特徴　45

③調査の対象と配布・回収数　46

④調査の方法と内容　47

（2）初等教育の地域間格差　47

カテゴリー⑴：過程の文化的背景　48

a）親の職業　48

b）親の学歴　48

c）教育的資産　49

カテゴリー⑵：ICT の利用状況　50

カテゴリー(3)：進学と留学希望　*51*

  a）進学希望　*51*

  b）留学希望　*52*

カテゴリー(4)：将来就きたい職業の有無と職業に

          対する価値観　*52*

  a）将来就きたい職業の有無　*52*

  b）就きたい職業の種類　*52*

  c）職業観　*53*

  d）希望する給料　*54*

カテゴリー(5)：学習の自己評価と学校外の学習　*54*

  a）自己評価　*54*

  b）学校外の習い事　*55*

5　進路意識の形成に関する要因分析 ———— *55*

（1）両地域の主たる要因の比較　*55*

（2）父親の職業から見た児童の進学希望　*56*

（3）学習状況と進学希望の関連　*57*

  ①児童の自己評価が進学希望に及ぼす影響　*57*

  ②児童の学校外学習が進学希望に及ぼす影響　*57*

（4）相関整数の分析　*58*

6　まとめ ———————————— *59*

参考文献　*63*

第3章：カンボジアの前期中等教育における進路形成
——農村部（カンダル州）の初等教育レベルとの比較を中心に —— *65*

1　はじめに ———————————— *65*

2　キャリア教育の視点 ———————— *67*

3　カンボジアにおける前期中等教育の現状と
　進路形成の課題 ————————— *68*

（1）前期中等教育の定義と制度　*68*

①前期中等教育の定義　*68*

②前期中等教育修了のための国家試験　*69*

③職業訓練（TVET）　*69*

（2）前期中等教育の目標　*71*

（3）前期中等教育のカリキュラム　*72*

①カリキュラムの目的　*72*

②カリキュラムの内容　*72*

（4）統計に見る前期中等教育の現状　*72*

（5）生徒の修了率と進学率の統計　*74*

（6）進路形成の課題　*76*

4　前期中等教育における進路形成に関する調査の概要 —— *77*

（1）調査概要　*77*

（2）調査期間　*77*

（3）調査地域と対象校　*77*

（4）調査方法　*78*

（5）調査内容　*78*

（6）調査結果　*79*

カテゴリー⑴：家庭の文化的背景　*79*

a）親の職業　*79*

b）親の学歴　*80*

c）教育的資産　*80*

カテゴリー⑵：ICT の利用状況　*81*

カテゴリー⑶：進学希望と留学希望　*81*

a）進学希望　*81*

b）留学希望　*82*

カテゴリー⑷：将来就きたい職業の有無と

職業に対する価値観　*82*

a）将来就きたい職業の有無　*82*

b）就きたい職業の種類　*82*

c）将来何のために働きたいですか？（職業観）　*83*

カテゴリー⑤:（学習に対する）自己評価　*83*

  a）好きな活動　*84*

  b）得意な教科と不得意な教科　*84*

5　初等教育の調査結果との比較分析 —————— *85*

（1）家庭の文化的背景の比較　*85*

  a）親の職業と学歴　*85*

  b）教育的資産　*86*

（2）ICT の利用状況の比較　*87*

（3）進学希望と留学希望の比較　*87*

  a）進学希望の比較　*87*

  b）留学希望の比較　*87*

（4）就きたい職業と職業観の比較　*88*

  a）就きたい職業　*88*

  b）職業観　*88*

（5）自己評価の比較　*89*

  a）好きな活動　*89*

  b）得意な教科と不得意な教科　*90*

  c）生徒の進学の判断基準　*90*

6　進路形成の要因分析 ———————————— *91*

（1）要因の選択　*91*

  a）父親の職業との関連　*91*

  b）父親の学歴との関連　*92*

  c）蔵書冊数と進学希望率の関連　*92*

  d）教育的資産との進学希望の関連　*92*

（2）進学希望の偏相関分析　*93*

7　まとめ ————————————————————— *94*

（1）前期中等教育の進路形成の研究課題　*94*

（2）前期中等教育の政策上の課題　*96*

参考文献　*98*

第4章：カンボジアの後期中等教育における進路意識の形成

──農村部（カンダル州）の前期中等教育レベルとの比較を中心に ── *101*

1　はじめに ───────────────── *101*

2　カンボジアにおける後期中等教育の現状と
　進路形成の課題 ───────────────── *102*

　（1）後期中等教育の定義　*102*

　　　①後期中等教育の定義　*102*

　　　②後期中等教育の制度　*102*

　　　③後期中等教修了のための国家試験　*103*

　　　④進学の費用と授業料　*103*

　（2）後期中等教育の目標　*103*

　（3）後期中等教育のカリキュラム　*104*

　　　①カリキュラムの目的　*104*

　　　②カリキュラムの内容　*104*

　（4）統計に見る後期中等教育の現状　*106*

　　　①学校数　*106*

　　　②教員数　*106*

　　　③生徒数　*107*

　　　④中等教育教員の学歴　*107*

　（5）生徒の修了率と進学率の統計　*108*

　　　①前期中等教育から後期中等教育にかけての進学率　*108*

　　　②高校から大学への進学率　*110*

　（6）進路形成の発達課題　*111*

3　後期中等教育における進路形成に関する
　実証的調査 ───────────────── *113*

　（1）調査の目的　*113*

　（2）調査機関　*113*

　（3）調査対象校と内容　*113*

（4）調査結果　*114*

　　カテゴリー⑴：家庭の文化的背景　*114*

　　　a）親の職業　*114*

　　　b）親の学歴　*114*

　　　c）教育的資産　*115*

　　カテゴリー⑵：ICT に関わる内容　*116*

　　　a）パソコンの台数　*116*

　　　b）パソコンの利用経験　*116*

　　カテゴリー⑶：進学希望と留学希望　*117*

　　　a）進学希望　*117*

　　　b）留学希望　*118*

　　カテゴリー⑷：将来就きたい職業の有無と

　　　　　　　　　職業に対する価値観　*118*

　　　a）将来就きたい職業の有無　*118*

　　　b）就きたい職業の種類　*119*

　　　c）就きたいと思った時　*119*

　　　d）将来何のために働きたいですか？（職業観）　*119*

　　カテゴリー⑸：（学習に対する）自己評価　*120*

　　　a）好きな活動　*120*

　　　b）得意な教科と不得意な教科　*121*

4　前期中等教育との比較分析 ―――――――――― *123*

（1）家庭の文化的背景の比較　*123*

　　　a）親の職業と学歴　*123*

　　　b）教育的資産　*124*

（2）ICT の利用状況の比較　*125*

（3）進学希望と留学希望の比較　*125*

　　　a）進学希望の比較　*125*

　　　b）留学希望の比較　*126*

（4）就きたい職業と職業観の比較　*127*

　　　a）就きたい職業　*127*

　　　　ｂ）職業観　*127*

　　（5）自己評価の比較　*129*

　　　　ａ）好きな活動　*129*

　　　　ｂ）得意な教科　*130*

　　　　ｃ）生徒の進学の判断基準　*130*

5　進路形成の要因分析 ——————————————— *130*

6　まとめ ————————————————————————— *132*

　　（1）後期中等教育の進路形成の課題

　　　　——研究結果からの考察　*132*

　　（2）後期中等教育の進路形成の研究課題　*133*

　　（3）後期中等教育の政策上の課題　*133*

　　参考文献　*135*

第5章：カンボジアの学校教員養成

　　——教育養成センター政策を中心として ———————— *137*

1　はじめに——カンボジアの学校教員政策の背景 —— *137*

2　カンボジアの教員養成の現状 ——————————————— *138*

　　（1）統計から見た教員養成の現状　*138*

　　（2）教育省の教員養成政策　*140*

　　　　①教員養成のビジョン　*141*

　　　　②目標　*141*

　　　　③目的　*142*

　　　　④新たな政策　*142*

3　教員養成センターの制度 ————————————————— *142*

　　（1）教員養成センター（TTC）の概要　*142*

　　（2）TTC の入学プロセス　*144*

　　（3）TTC の教育内容と方法　*145*

4　教員の質の向上をめざして

　　——ワールドバンクレポートを中心に ————————— *145*

5　まとめ —————————————————————— 148
　　参考文献　*151*

第6章：カンボジアにおける教育制度と
進路形成の教育的課題 —————————— 153

　1　カンボジアの教育制度の特色と課題 ————— 153
　　（1）学校段階別の考察　*153*
　　　　①カンボジアの初等教育における課題　*153*
　　　　②前期中等教育における政策上の課題　*154*
　　　　③後期中等教育における政策上の課題　*155*
　　　　④教員の問題　*156*
　　（2）児童・生徒の進路形成における共通の課題　*157*
　　　　①途中退学　*157*
　　　　②国家試験制度　*157*
　　　　③ICT 環境の整備　*158*

　2　調査結果にみる進路形成の課題 ——————— 159
　　（1）進路形成意識の変化　*159*
　　　　①小中高の職業観　*159*
　　　　②地域間格差　*161*
　　（2）留学希望の変化　*161*
　　（3）進路形成の要因分析結果　*162*

　3　カンボジアのキャリア教育の構築に向けて ——— 164
　　参考文献　*166*

　　あとがき　*167*

　　索　引　*169*

序　論

1　本書の目的と方法

　本書は，キャリア教育の視点から，初等教育から中等教育にかけての学校段階を対象として，第1に，カンボジアの教育制度の特色を制度的・統計的に考察すると共に，第2に，これまでほとんど実証的なデータが得られなかった児童・生徒の進路形成意識の実態の解明を目的とする。

　前者の検討にあたっては，文献資料の分析法を中心とし，後者の解明のためには実証的方法を用いる。具体的に，家庭の社会的・文化的背景，児童・生徒の学習活動や自己評価，生徒の進学希望，職業希望を中心とした項目を盛り込んだ質問紙を用い，小学生，中学生，高校生を対象とした質問紙調査によりデータを収集し，初等教育及び中等教育における進路形成の要因の統計的分析を行い，考察する。

　カンボジアの教育制度の分析では，1980年以降今日にいたるまでの歴史と統計的分析によって次の問題を検討する。1980年代以降，ポル・ポト政権の教育破壊から復旧過程において，政府は，教育改善を計画的に進めてきた。その結果，就学率の向上，進学率の向上が見られるようになってきた。しかし，2010年代に入っても，初等教育における留年，中等教育への進学率の不安定な状況が続くとともに，各学校段階での途中退学率は未だに大きい。しかし，開発途上にあるカンボジアにとって，産業の発展や国の社会的基盤の構築のためには，

教育分野の重要性は極めて大きい。とりわけ，児童・生徒の進学率の向上を何が，阻害しているのか，その要因を検討することが，教育計画の発展にとって重要な研究課題となる。

　実際，カンボジアの産業が急速に発展する中で，21世紀に入って学校数や大学数が増大し，青少年人口も急速に増加している。しかし，そうした教育ニーズや産業のニーズが増加する一方，教員の養成や学校の整備，カリキュラムの開発が遅れている。また，教育の研究も十分に行われているとは言いがたい。

　とりわけ，カンボジアの子どもたちにとって重要なことは，まずその生活が豊かになるような仕事に就くことである。そのために有効な教育理論として，本書では，キャリア教育の理論に注目し，進路選択の理論的枠組みを実証的な調査に用いる。カンダル州の小学校，中学校，高校の生徒を対象とした調査の結果の分析においては，子どもたちの進路意識の形成がどのように行われるのかを，3つの段階のデータの分析から明らかにしていくことにする。

2　本書の構成

　本書は，上記の課題に対応するため，初等教育，中等教育の児童・生徒の進路意識や進路形成の制度的問題と実証的データからの要因分析をその内容とする。

　本書は，主に次の3部から構成される。第1部は初等教育について，第2部は中等教育について考察する。それぞれの部では，初等教育段階と中等教育段階の制度的現状と課題を社会統計データや政策文書から明らかにするとともに，進路形成に関する実証的データの解析によって，2つの学校段階について検討と考察を行う。上記2部の統計的解析では，質問紙調査から，生徒の進路意識の形成に影響を及ぼす要因を実証的に考察する。第3部では，まず，前期中等教育以後，多くの生徒が進路を選択する職業訓練校について，その制度と統計的実態から，課題を検討する。さらに，初等教育段階，中等教育段階において，

児童・生徒の学校教育の質的向上に不可欠な教員問題として，カンボジアの教員養成政策について，ワールドバンクの実証的レポートからその現状と課題を明らかにする。

そして最後に，初等教育から，中等教育段階において児童・生徒の進路形成の実態から，カンボジアにおけるキャリア教育全体像をまとめ，今後のカンボジア教育の課題を明らかにする。

第1章

20年以上に渡って内戦の経験を乗り越えてきたカンボジアは，その内戦によって教育制度のほとんどが破壊された。しかし現在，同国はようやく安定化し，政府は世界各国の平均的な教育水準にまで達することに力を入れ始めた。カンボジアの教育政策は，21世紀の新たな教育戦略開発計画の実践において，すべての子どもたちが平等に学校に通えるという目標を設定している。

本章では，このポル・ポト政権後のカンボジアの初等教育について，その発展を統計的に考察し，21世紀に向けた教育政策の内容を探り，その特色を明らかにする。まず，初等教育の背景となるカンボジアの社会的背景についての記述後，カンボジアの教育分野に関わる国内外の統計的データに基づき，初等教育の現状を把握する。さらに教育政策に大きな影響を及ぼした2006年の教育改革におけるカリキュラム開発方策に焦点をあて，そこで提案された「ライフスキル」プログラムの意義を考察し，最後にカンボジアの初等教育の課題を述べる。

以上の考察から，2006年のカリキュラム開発政策においては，生涯学習の理念を基礎としながら，教育省は社会の現実に応じたライフスキル政策を初等教育のカリキュラムに取り込んだ。特に，予算や人材の課題などでその政策が未だ十分に実践されているとはいえないという課題を明らかにする。

第2章

本章では，初等教育について，カリキュラムとしてのライフスキル・プログ

ラムの独自性と小学生の進路意識の形成について論じる。とりわけ，都市部のプノンペンと農村部のカンダル州の小学校の比較分析から，都市部と農村部では，小学生の進路意識がどのように違うかを検討している。

　カンボジアは，その後の長期にわたる教育制度の改善政策の成果により，近年多くの高等教育進学者もみられるようになってきた。だが他方でこの30年の社会発展過程においても，都市部と農村部の間にはその産業や生活環境，教育環境においてまだまだ大きな格差があり，特に地域間の教育格差は，子どもたちの進路形成に大きな影響を及ぼすと考えられる。

　小学生の進路意識の形成において，親の職業や学歴といった家庭的背景や教育資産がどのような影響を及ぼしているのか，また，親の職業や学歴に現れる地域間格差が小学生の進路形成にどのような影響を及ぼしているのか，その分析から，まず農村と都市部の小学生を比較する。予想される点は，教育環境の相違，親の職業の差異による進学意識の相違である。

第3章

　本章でも，キャリア教育の視点から，カンボジアにおける教育の現状について，統計的・制度的把握と，前期中等教育の進路形成の課題についての実証的考察を行う。

　政策的課題という点では，第1に，中学校におけるキャリア教育としての進路指導の保障について考える。特に，中学校の卒業時に導入される国家試験や，進路選択の一つの方向性としての職業訓練校について触れる。

　第2に，家庭の文化的背景の相違が，初等教育と比べてどのような影響を及ぼすようになるかという点である。中学校では小学校ほどでないにしろ，親の職業や学歴を含む家庭の文化的背景が生徒の進学希望に大きく影響していくことが予想される。

　もう一つの課題は，発達課題に応じた中学生の進路意識の変化である。スーパーの仮説では，その意識が現実化していくとあるが，実際にはどうなのであろうか。同時に，選択にあたっての判断の基準が自己中心となること，自我意

識が形成される点である。

第4章

　本章では，まずカンボジアにおける後期中等教育の制度とその統計的現状から，後期中等教育における進学の課題について検討した後，農村部（カンダル州）の高校を対象として実施した質問紙調査に基づき，高校生の進路意識の実態を明らかにする。続いて，中学生とのデータの比較から高校生の進路意識の特徴を浮き彫りにし，最後に，その進路意識として進学希望や職業観に影響を及ぼす要因分析を行う。

　前期中等教育と共通する点として，進路の決定においては国家試験が大きな役割を果たすが，他方で，高校生の進路意識の形成の相違点としては，教員や親の影響が減る一方，中学生以上に自分の学力を判断基準とする傾向が強くなることが予想される。またその職業観は，小学生の空想期から中学生段階では現実的な様相を帯びてきたが，その傾向もまたさらに強くなることが考えられる。もう一つの問題は，カンボジアの職業構成や性別の役割分業意識など，現実の労働市場についての認識を高校生はますます高めることから，その職業観も性別や出身社会階層の影響が増すと考えられる。

　キャリアの理論では，職業選択において，次第に本人の性別や自我認識が影響するようになるというが，カンボジアの場合はどうであろうか。

第5章

　本章では，教育に大きな影響を及ぼす教員の問題を取り扱う。

　1975年から1979年まで（3年8ヶ月24日間）にわたるポル・ポト政権のカンボジア支配により，わずか3年間でおよそ170万人のカンボジア人が殺害された。知的な職業人が政敵とされ，教員の75％が犠牲となり，教育の人材だけではなく，教材をはじめ多くの学校設備も破壊された。カンボジア政府は，1980年代になって多くの教員を確保する必要に迫られ，教員資格の有無にかかわらず，1979年に生き残ったわずかに読み書き程度ができる人々も学校教員として

採用したことはその後の教員の質の問題として，大きな課題となっている。

　本稿は，現在のカンボジアにおける学校教員養成の現状を教育省とワールドバンクの統計的資料を基に考察する。教員養成センター（Teacher Training Center, TTC）とカンボジア国立教育研究所（National Institute of Education, NIE）についての統計から，教員養成の現状をみるとともに，教育省の教員養成政策，教員養成の制度などの教員養成の現状を考察する。

　カンダル州の中学生を対象とした職業選択に関わる調査結果によると，学校教員になりたいと考える生徒は多く，一般的な教員のイメージとは乖離している。

　教員養成の考察を行うもう一つの理由は，学校教育の発展にとって，教員の質の向上は非常に重要で不可欠な要件とされているからである。今後の教育の急速な発展をカンボジアが図るためには，教員の重要性の認識と，教員養成制度の問題は他国以上に重要な課題となる。

第6章

　本章では，カンボジアの教育制度の特色と課題として，学校段階別の考察，各学校段階に共通する途中退学，国家試験制度，ICT 環境の整備の課題を論じる。続けて，調査結果にみる進路形成の課題として，進路形成意識の変化，留学希望の変化，そして進路形成の要因分析結果をまとめる。最後に，カンボジアのキャリア教育の構築に向けてと題し，本論で言及できなかった諸問題として，ICT 教育とライフスキル・プログラム，職業訓練校の問題，グローバル化，高校卒業後の高等教育について検討し，今後の研究課題として論じる。

第1章

カンボジアの初等教育の現状と特色
～ポルポト政権後の発展とライフスキル政策～

1　はじめに

　カンボジアは，東南アジアのインドシナ半島に位置し，20年以上にわたる内戦の経験を乗り越えてきた国である。186カ国を対象とした『世界一人当たりの名目 GDP ランキング』によれば，アジア24カ国中，最下位がネパールであり，カンボジアはそれに次ぐ最貧国である（世界の経済・統計・情報, 2015）。同国は様々な分野の課題をもつが，その中でも教育分野の課題は国の今後の発展を支えるものとして特に重視されている。教育課題の改善を行うため，カンボジアの教育省，計画省，さらに国際機関は，5年ごとに「教育戦略計画」（Education Strategic Plan: ESP）を策定している。

　カンボジアは1863年から1953年までフランスの植民地として90年間の歴史をもつ。1953年に同国はフランスからの独立を果たしたが，政権の交代や内戦，さらにポルポト政権によって，国内は何度も不安定な状況におかれた。また，教育の状況も短期間に大きく変わった。1975年4月から1979年1月にかけてポルポト政権は，現在に至るまで巨大な負の遺産を残した。1979年にポルポト政権は終わったが，教育に関する課題が山ほど残された。1979年9月，約3年ぶりに学校教育が再開されたが，ポルポト政権が終わっても，政治的内戦が長期にわたり続き，社会や教育の復興はなかなか進まなかった。

　しかし，1993年の新しい憲法は，教育について次のように定めた。「全ての

国民に無償の初等教育と中等教育の機会を与え，国民は少なくとも 9 年間の教育を受けること」。また，「学習の精神的・身体的能力の全面的発達」は政府による教育制度の目標となる。同時に，自信，責任，連帯意識，愛国心などを持ち，法律と人権を尊重する国民の育成を目指す。それゆえ学校教育は，「平和に共存し，家族の幸せに対し責任を持ち，社会福祉促進への貢献ができる人材の育成」を担うものとして位置づけられた。

小学校の基礎教育は，全ての国民にとって重要である。全ての国民は少なくとも基礎教育を受ける権利がある。男性であろうが，女性であろうが教育を受ける権利がある。しかし，長年にわたる内戦を経験したカンボジアは，教育制度そのものを失ってしまった。そのため，多くの人々が基礎教育を受ける機会を奪われた。同国は21世紀に入った現代においても，教育制度の改善に力を入れているが，識字率がなお低い。初等教育の就学率が徐々に増加しているにも関わらず，中途退学率，留年率がまだ課題として残されている。

1975年から1979年までのポルポト政権は，教育活動自体を認めていなかった。その時代，多くの知識人が殺害され，そこには教師も含まれる。およそ60%の教師が殺されたと言われる（Tully, 2005, 201頁）。そのことは，その後のカンボジアの教育的発展を大きく停滞させることとなった。病院，宗教，学校教育の施設・設備も大きな被害を受け，ポルポト政権終了後，イリテラシー国民が多く残される状況を生み出した。

その後，カンボジアでは少しずつ社会も安定し，経済発展とともに教育にも光が差し始めた。本章は，そうしたカンボジアの教育的発展と開発政策に焦点を当てる。

以下第 2 節では，統計的資料に基づきカンボジアにおける初等教育の現状をみるが，そこではポルポト政権後大きく発展するカンボジアの教育の姿を明らかにする。ただ，近年は徐々に整備されつつあるとはいえ，カンボジアの教育統計は国内で十分整備されていないため，世界銀行やユネスコ等の国際機関による統計をも参考にしながら，初等教育に関する統計を整理し，ポルポト政権後の初等教育の現状と課題を明らかにする。さらに統計的考察に加えて，第 3

節では質的変化をおさえるために，初等教育の発展を支えた政策の開発枠組みに焦点を当てる。カンボジアの未来を見据えた教育計画として，「2005—2009年カリキュラム開発方策」（以下，「開発方策」とする）を読み解き，そこにみられる「生涯学習」と「ライフスキル」という教育目標に着目する。とりわけ「ライフスキル」の概念は，貧しい社会状況に応じたカンボジアの初等教育政策の特色ともいえ，この政策枠組みの分析から，カンボジアの初等教育の方向性を明らかにする。第4節では，統計資料と政策資料の分析から見えてくる初等教育の課題をまとめる。

2　データに基づくポルポト政権後のカンボジアにおける初等教育の現状

（1）初等教育の定義と到達目標

　初等教育は学校教育の最初の段階であり，そこでは読み書き計算を中心とした基礎的な教育が行われている。小学校は，一般的に6歳から12歳までの子どもを対象としており，主に，子どもたちが将来社会生活を送るうえで共通に必要とされ，社会から期待される基礎的な知識や技能，態度の育成を目標としている。

　1991年，教育省は，初等教育において次の6つの到達目標を制定した。

- 2000年までに初等教育の機会を完全に普及すること（Universal Primary Education: UPE）。平地の地域の入学率は1995年までに100％，高地や遠隔地の入学率は2000年までに100％とする。
- カリキュラムや教科書の改善を図ること
- 教員の補充を行うこと
- 教員と生徒に対する適切な教材を供給すること
- 教員研修を通した教授法の改善を行うこと
- 国際協力機関からの資金協力，技術協力を含めた資源及び努力を結集す

第1章 カンボジアの初等教育の現状と特色　9

ること（UNESCO, 2000, 22頁）

　カンボジア政府や教育省は，カンボジアの教育改善のため，大きな力を注いでいる。その結果，入学率が年々増加した。それでも，途中退学者，学校に行くことができない児童たちがいなくなったとは言えない。

　そこで，初等教育の内容の充実を図るため，2006年に，現代社会のニーズに応えようと新しいカリキュラムである「ライフスキル」プログラムを導入し始めた。しかし，この「ライフスキル」プログラムを軌道に乗せるには，人材と共に各地で資金源が必要となる。そのため「ライフスキル」プログラムはまだ国全体で実践されているとはいえない。一方，教員養成に関しても，2013年に教育省が「教員の政策」という計画を策定した。この政策は，教員の質の改善を目標とする。だが，生活問題を解決するだけで精一杯の教員たちが積極的に訓練を受ける状況にあるとは言い切れない。実際，カンボジアの教員給与が低いため，教員は一定の生活レベルを維持するために多くの複業を必要としている。そうした教員の給与の改善を図り，教員たちに十分な経済的基盤を提供する努力が必要である。

　こうした教育省の努力の成果について，「Global Education Digest」2006年版（UNESCO, 2006, 78—79頁）によるデータをみると，次のような現状と発展がみられる。

　2004年の時点で，初等教育の総就学率（gross enrolment ratio）は137％[1]，純就学率（net enrolment ratio）が98％となっている。2012年度には，それぞれが124.2％，98.4％へと変化している（UNESCO Institute of Statistics, 2014）。ただし，純出席率（net attendance ratio）が66％，第5学年までの残存率（survival ratio）が60％，第6学年までの残存率が54％という数字となっている。確かに，総就学率，純就学率ともに周辺諸国と比較すれば最も高いが，第5学年までと第6学年までの残存率は最も低くなっている。小学校の段階ですでに学校に行かない，あるいは行けない多くの児童がいることがわかる。カ

（1）　総就学率は，児童と生徒の全就学率年齢層を全て含む。留年生徒数や就学に遅れる生徒数なども含む。そのため，総就学率は100％を超えることとなる。

ンボジアの初等教育にはまだまだ大きな改善の余地，小学校修了率の向上とい
う課題が残されているのである。

　このことは，次の統計にも表れている。つまり，計画省による学年別就学者
数の推移データをみると，1996／1997年度は，第1学年678,363人であるのに
対し，第6学年65,737人と，第6学年の就学者数は第1学年の就学者数のわず
か9.7％でしかないという数字である。また，2010年のデータによれば，ド
ロップアウト率が最も高いのは，第5学年（10.4％）である（USAID, 2011,
11頁）。

　ドロップアウトの原因は，大きく2つあると考えられている。第1は，家庭
の経済的理由である。家庭の経済を支えるために4分の1の児童がドロップア
ウトする状況に置かれている。第2は，学業上の理由である。授業について行
けないため，成績が悪くなり，学校の規則上，落第せざるを得ない児童がド
ロップアウトを選択することになる（USAID, 2014）。

（2）初等教育の制度

　1996年から現在まで，カンボジアの教育制度は6―3―3制をとっている。
最初の9年間（小学校6年間と中学校3年間）は義務教育である。登校日は，
月曜日から土曜日までとなっている。内戦で多くの学校の施設が破壊されたた
め，教員と教室の不足が現在でもなお大きな課題となっている。その結果，多
数の学校で半日授業制度が行われている。1ヶ月毎に午前の授業と午後の授業
とを交代する2部制が採用されている。基本的に，午前の授業は7時から11時
まで，午後の授業は13時から17時までである。

　カンボジアでは一般的に，新学年度は10月から始まり，9月で終了する。各
年度は2学期制をとっている。1学期は10月から4月上旬まで，2学期は4月
下旬から7月までとなる。また，年間の休みには主に2つのものがある。短期
休業と長期休業である。短期休業の期間は比較的短くて，カンボジアのお正月
のときとなり，長期休業は8月の始まりから9月の下旬までとなる。その後，
新学期が始まる。

第1章 カンボジアの初等教育の現状と特色　　*11*

ただ，こうした制度が完成するまでにも，紆余曲折の変化があった。
以下，これまでのカンボジアの教育制度の変化を簡単に示す。

- 1979から1986年までは，10年間の教育制度が導入された。小学校は4年，中学校は3年，高校は3年である。
- 1986から1996年までは，教育制度が11年に延長された。小学校は5年，中学校は3年，高校は3年である。
- 1996年から現在まで，学習年数を増やすために，12年間の教育制度が導入された。小学校の5年間が6年間へと延長されたのである。中学校と高校はそれぞれ3年間のままとされた。最初の9年間が義務教育として行われるようになったのは，新しい憲法の下で1993年に導入された制度からである（UNESCO, 2000, 39頁）。

現在のカンボジアの教育制度は4つのレベルに分けられている。

幼稚園（Pre-school），小学校，中等学校，と高等教育である（図1.1）。幼稚園は3歳から5歳までである。小学校へ就学するまでに，子どもを学校という環境に，親から離れている環境に慣れさせることが，幼稚園教育の主な目的である。

6歳になった子どもは，小学校に就学できる。児童は6年間小学校で勉強す

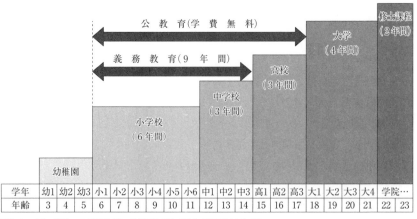

図1.1：カンボジアの教育制度（UNESCO, 2010, 60頁より作成）

る。中学校は3年間教育である。小学校の6年間と中学校の3年間の併せて9年間が，この国の基礎教育と指定されている。

　中学校を卒業後，高校に進学する生徒もいれば，労働・職業訓練省が提供する職業訓練校へ通う生徒もいる。職業訓練学校では，プログラムによって，1年間から2年間をかけて授業を受ける。

　高等学校での3年間を修了後，大学に進学すれば，そこで4年間の勉強をする。しかし，高校の3年生のときに，国家試験に不合格の場合はもう1年間高校の3年生に戻るか，2年制大学に進学することも選べる。

　小学校から中学校までが，義務教育と定義されている。小学校から中学校までは，もちろん学費が無料だが，高校の3年間も無料となっている。また，中学の3年生と高校の3年生の時期に進学（卒業）試験がある。不合格の場合は，留年となる。そのため，中学や高校の1クラス内に，多様な年齢の生徒がみられる状況となっている。

（3）学校数

　カンボジアの小学校数は，1981—1982年度に3,521校，2006—2007年度に6,365校になり，その数は1.8倍に増加した（1985—1986年に小学校数が減少している理由は不明である）。一方，クラス数は1979—1980年度に12,069クラスだったが，2006—2007年度に61,249クラスまで増え，5.1倍に増加した。

　さらに，教育省のレポートによると，小学校の数は2012—2013年には6,910校あり，2013—2014年には6,993校ある。つまり，2013年から2014年までに1.2%増加していることになる。児童数は2013年に2,173,384人，2014年には2,073,811人である。比較すると，その数は4.6%減少した。

　この図1.2から，現在小学校の数は，年々徐々に増加していることがわかる。しかし，すべての学校で6年間の教育が保障されているわけではなく，3年間の小学校などもあるため，最終学年まで勉強できない学校の数もここには含まれている。また，各学校のクラス数が限られているために，2部制をとる学校が一般的である。学校の設備や通学の不便さも途中退学の重要な原因のひとつである。

第1章 カンボジアの初等教育の現状と特色　　13

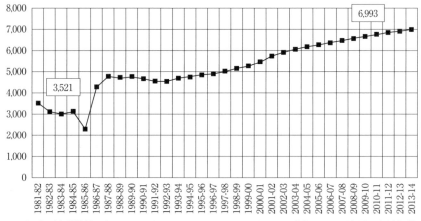

図1.2：年別小学校数 (Ministry of Education Youth and Sports（以下 MoEYS）2014より作成)

（4）児童数の変化

2007—2008年度には，230万人以上の児童が，6,476校に就学した（Ministry of Planning Cambodia, 2008）。2006—2007年度に比べると，児童数は若干減少

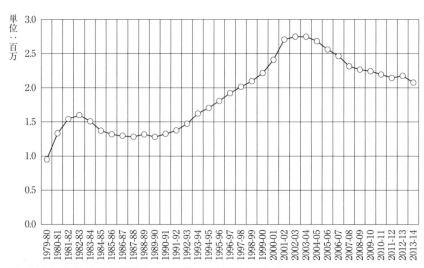

図1.3：カンボジアにおける児童数の変化（MoEYS, 2014より作成）

したが，1997—1998年度と比較すれば14.9%就学率が増加している。

　内戦を終えてから，児童の就学率が増加しているが，すべての子どもたちが学校に通えているとは言えない。また，児童の就学率の向上に応じた家庭での学習の補助が重要になる。父母，あるいは兄や姉がその学習に協力しなければならないが，ポルポト政権下で教育を十分に受けられなかった親たちが多いことも，就学率が向上しない要因のひとつとなっていると考えられる。なぜならば，親が十分な教育を受けられなかったために，家庭の補習や指導が難しいだけでなく，親自体が学校教育の重要性を認識していないという状況が生まれるからである。

（5）教員数の変化

　ポルポト政権終了後も，教員数の増加や補充は，非常に遅れた状況にある。

　2005—2006年度のデータによると，教員一人当たりの児童数は50.8人であるが，2007—2008年度でもなお，41.3人となっている。カンボジアの初等教育での児童一教員比率は ASEAN 諸国の中で一番高いと言われており，世界での児童一教員比率でも16位となっており，教員一人当たりの児童数が最大の国となっている（MADHUR, 2014, iv 頁）。一方，日本の場合，1クラスにおける児童数は19.4人程度である（文部科学省, 2015）。教員一人当たりの児童数が，日本の2倍ほどになっているのである。1クラス当たりの児童数が多いため，一人ひとりの児

表1.1：国家予算に占める教育費の割合（単位：US ドル）

年	予算	教育に対する予算	比較
2000	611, 053. 5	47, 527. 2	8 %
2001	630, 988. 8	56, 959. 7	9 %
2002	672, 964. 0	73, 066. 1	11%
2003	711, 234. 0	81, 176. 2	11%
2004	749, 191. 3	91, 739. 2	12%
2005	773, 395. 2	89, 517. 9	12%
2006	928, 688. 8	107, 621. 1	12%
2007	1, 134, 865. 1	134, 053. 5	12%
2008	1, 367, 882. 1	151, 707. 3	11%
2009	1, 748, 674. 8	181, 108. 8	10%
2010	1, 976, 773. 9	201, 190. 0	10%
2011	2, 316, 854. 1	223, 389. 8	10%
2012	2, 624, 550. 5	245, 762. 5	9 %
2013	2, 908, 243. 7	1, 119, 565. 5	38%

出典：Budget law database 2000—2013

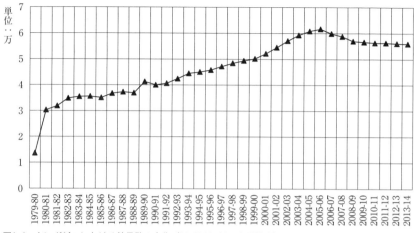

図1.4：カンボジアにおける教員数の変化（MoEYS, 2014より作成）

童をサポートするのが困難な状況にあり，近年それが改善されつつあるとはいえ，まだ十分な状況とはいえないことがわかる。

　教員数が少ない原因のひとつに，教員給与の低さがある。教員の1ヶ月あたりの給与は，50＄から70＄（およそ5,000円から7,000円程度）である（CITA, 2012, 12頁）。この低い給料では，現在のカンボジアで教員が単身生活を送るとしてもかなり厳しい生活状況にならざるを得ない。一方，カンボジア王国の予算を調べた非政府団体 Cambodia Budget Forum のデータによると，国の予算は年々増加しており，教育に対する国の予算も増えていくことが示されている（The NGO Forum on Cambodia, 2015, 表1.1）。教員の生活を改善するには，少なくとも200＄から300＄程度の給与が必要である（カンボジアの従業員の平均給与は，1ヶ月あたり119＄となっている，ILO, 2013, 79頁）。

　CITA（Cambodian Independent Teacher's Association）は，2015年までに教員の給与を250＄に増加するよう提案したが，実現されてはいない。教員の給与が生活水準より低い状態であれば，教員という職業はカンボジアの若い世代にとっては魅力的ではなくなるし，教育に対する社会評価が低いままとなってしまう。

教師という職業の経済的な魅力の低さが，教員不足の大きな理由であり，それが教員の質や児童や生徒の学力にも大きく影響を与えていると考えられる。

教員数の変化を表した図1.4を見ると，教員数は1979年から2006年まで増加しているが，児童数の増加と比べれば，その格差は大きい。また，2007年以降，減少している。教育の質の向上のためには，教員給与の改善を含めた教職の魅力を向上し，教員数を増加させることが今後の大きな課題である。

（6）カリキュラム

教育省が策定した初等教育カリキュラムでは，クメール語（国語），数学，理科，社会，保健体育の5科目が必修科目である。その他の科目のひとつに地域生活技能プログラム（Local Life Skill Program，以下LLSP）がある。LLSPでは，農業，畜産業，農具の製作や裁縫，家計，コンピューターの利用方法といった実際生活や職業技術に関わる知識や機能を学ぶことができる（UNESCO, 2013）。このカリキュラムについては，さらに後述することにしたい。

小学校の1年から6年までの科目は，基本の読み書き（literacy），数学（mathematics）を中心に，日常必要となる衛生教育，道徳，学習スキル（learning skill），ライフスキルを高めるための目的で，設計されている。基礎の読み書き，計算をしっかりとできるようにカリキュラムが構成されている（表1.2）。

識字率の向上という点で国語教育に大きな比重がおかれ，数学的リテラシーも同時に重視されている。

以上の統計や制度的特徴から，現在のカンボジアの初等教育の次のような課題が浮かび上がってくる。

①　学校で行われる授業時間が少ない。

②　カリキュラム内容がまだ十分とはいえない。例えば，保健体育の授業など，情報処理，英語能力も含めて，カリキュラムを改善する余地が残されている。

第1章 カンボジアの初等教育の現状と特色　　17

表1.2：小学校1－6学年までの国家カリキュラム（MoEYS, 2004より作成）

小学校1－3年生			科目	週時間割	
科目	週時間割			4学年	5－6学年
国語	13		国語	10	8
数学	7		数学	6	6
理科・社会 （芸術を含む）	3		社会 （芸術を含む）	4	5
保健教育	2		理科	3	4
合計	25		保健教育	2	2
LLSP	2－5		合計	25	25
合計	27－30		LLSP	2－5	2－5
			合計	27－30	27－30

③　教員一人当たりの児童数を減少させること。そのためにも，教員数を増加すること。

④　さらに，教員の質を向上させること。教員の学歴自体を向上させるとともに，研修機会を増やすことである。

⑤　そのための前提条件となるのが，教員の給与を含めた教員の生活改善が必要である。

　以上が，カンボジアの初等教育の現状である。カンボジアは，世界標準や地域の国々の質に合わせていくために，年々教育の開発や教育の改善への力を入れているといえる。しかし，これからのASEANの国々と競争するには，さらなる力を入れていく必要がある。

　とりわけ，上述した課題の中でも，③，④，⑤の課題，教員数の増加や，教員給与の改善を含めた教員の質の向上が再重要の課題と考えられる。たとえば，教員の資格という点で，フィンランドでは，全ての教員が修士の資格を持つ。一方，カンボジアでは，高校を卒業した教員もいれば，卒業していない教員もいる。教員の質は，学校の質を向上させる原動力になると思われるため，まずは教員が大学の卒業の資格を有することが重要であろう。また，初任者研修や再教育の場面でも，スキルアップのための研修を継続的に提供すべきである。

また，給与も見直すべきである。教員数の少なさ，教員志望者の少なさは，カンボジア自体を支える人材育成，教育の質の向上に直結する問題だからである。開発途上国であるカンボジアにとっては，さらに重要な課題である。教員数を増やすには，まず，教員という職業自体を，教員志望の学生にとって魅力あるものとしなければならない。少なくとも教員給与を，生活に困らない程度の給与に改善しなければならない。教員の給与の低さは，さらに多様な教育問題とつながっている。授業中に，先生がお菓子やハンドアウトを売って生活費を稼ぐような事例もあるなど，教育活動の中で副業をする教員が多いという問題を生んでいる。教育の質の向上のためには，こうした教員問題が最優先の課題といえるだろう。

　カンボジア教育省は，2000年以降大きな教育改革に取り組んでいるため，本章では，政府が計画した初等教育計画とその内容について検討する。

3　2006年の教育改革による「ライフスキル」 "2005—2009年カリキュラム開発方策" を中心に

（1）「2005—2009年カリキュラム開発方策」による教育改革

　1979年ポルポト政権崩壊後，カンボジアの教育制度は再生した。また，社会開発の成果もあり，経済や生活状況も豊かなものへと改善されてきた。教育制度についても，同様に，大きな改善が進められた。

　カンボジアの教育制度は，初等教育，中等教育，高等教育からなる。中等教育における学校の種別は普通学校と職業技術訓練学校に分かれる（ASEAN 諸国における市民性教育とアセアンネスのための教育, 2014）。

　まず，初等教育から中等教育にいたる学校制度全体の改善である。1979—1986年までは4＋3＋3制，1986—1996年までは5＋3＋3制，1996年から現在までは世界標準に合わせるため6＋3＋3制に変更された。

　6＋3＋3制において，各学校は，年間38週，週6日制であり， 1 週間あた

第1章 カンボジアの初等教育の現状と特色　　*19*

り小学校27—30コマ（年間684〜760時間），前期中等学校32—35コマ（1013〜1108時間），後期中等学校32コマ（950時間）となっている。

　さらに，教育の質を向上するため，2004年にカンボジア教育省はカリキュラムの改革を行なった。本節では，このカリキュラムの改善，なかでも初等教育の改革に注目することにしたい。

　本節で検討する政府資料，「開発方策」は，「Education for All National Plan 2003—2015」の枠組に準拠し，カンボジアにおける基礎教育（第1学年—9学年）と後期中等教育（第10—12学年）のカリキュラム開発において，新しい方策を打ち出すために策定された。同資料に注目し，その分析と考察を行う目的は，同資料に，国民教育計画の概要とカンボジアの初等教育の今後の方向性が示されているからである。同資料の翻訳をすべて行ったが，本稿の分量から詳述は避け，初等教育の改革にのみ重点をおいて考察する。まず，その教育政策全体の目的と，学校教育カリキュラムの目的と目標をみておくことにしたい。そこには，カンボジアの初等教育の大きな特徴が示されているからである。

　同「開発方策」では，教育省の重要施策として，次のことを目的とすると書かれている。

教育施策の目的

> ・基礎教育への公平なアクセス
> ・高度な後期中等教育への準備
> ・貧困層への融資方針
> ・効率的な資源管理
> ・開発水準の説明責任

　ただし，貧困層への融資や説明責任等については，他省庁との関係もあることから，国民計画でその詳細が述べられている。

　さらに，「開発方策」では，カリキュラムの目的として，次の点があげられ

ている。「学校教育カリキュラムの目的は生徒の個々の才能と技能を十分に発達させることにある。つまり，彼らが教育を修了後，次のことができるようにすることを目指す」。

カリキュラムの目的

- 就職する際に重要な能力を高め，生涯学習に繋がるような学びの心を成長させる
- 国語（クメール語），クメール文学，及び数学の基礎知識の獲得
- 自分の心身と精神的健康を改善し，家族の健康と幅広い社会の改善と継推するのに重要となる知識，スキルと態度をもつ
- 自分自身の行動，決断，自立性を管理し，自己責任を持つような資質
- 科学，技術，イノベーション，及び創造性の大切さと価値観を知ること
- 職業に関連する技術，仕事に対する前向きの姿勢と効果的な運営方法，他者との調和の取れた関係をもって働くこと
- 判断能力，道徳に関する責任，家族と社会において経験した問題の解決に向けた判明・分析・仕事への関わり
- 他者，異文化，文明，歴史を理解し尊重する能力

- 積極的な国民になり，社会の変化に気づき，カンボジアの行政システムや法律の理解，愛国心，王国と国教に対する尊敬を示すこと
- 自然，社会，文化的な環境を保全できる

この目的実現のために達成されるべき目標として，次の点をあげている。

- 「知ることを学ぶ」，「為すことを学ぶ」，「人間として生きることを学ぶ」，「共に生きることを学ぶ」ことができるような機会を生徒に提供する。
- LLSP を含めたライフスキル教育の普及の定義と明確化する。
- 各項目において，高度な水準の知識とスキルを身につけるようにすること。

第1章 カンボジアの初等教育の現状と特色　21

- ❏ 国語（クメール語），及び文学
- ❏ 数学
- ❏ 科学（物理学，化学，生物学，地球環境）
- ❏ 社会科（歴史，地理，家庭経済（Home Economics），芸術（Art Education），道徳，公民科）
- ❏ 外国語
- ❏ 健康，身体教育とスポーツ
- コア教科を含む全教科で，活用学習を強調する。そこにはテクノロジーの学習を含め，そうした学習法によって，全国民の生活の質の改善を図るための知識を活用する。

この目標から，カンボジアの初等教育には，第1に，生涯学習の理念が明確化されていること，第2に，ライフスキル教育に重点がおかれていること，第3に，早期の段階から外国語教育をカリキュラムに組み入れていること，第4に，方法論として，活用学習に重点を置いていること，といった特色がみられる。

初等教育政策の「カリキュラム開発政策」にライフスキルが位置づけられている理由は，貧しい生活をおくる児童・生徒にとって，生活に必要なスキルの習得が重要と考えられているからである。

日本や諸外国の基礎教育においても，外国語教育や活用学習といった方法の開発はみられるから，ここでは特に，カンボジア教育の特色として，生涯学習の理念とライフスキル教育について考察していくことにしたい。

（2）生涯学習の理念

カンボジアの成人教育の分野では，1979—1988年までは，ノンフォーマル教育，非識字の除去，補助教育の政策によって識字率の改善などの政策が行われ，それによって大きな改善がなされた。しかし，それ以降は大きな変化がないと「Policy of Non Formal Education」（MoEYS, 2002, 2頁）に述べられている。

しかし他方で，カンボジアの教育省は，1990年代以降の教育改革の柱に，生

涯学習を据え，学校教育を含めた教育計画においても，生涯学習を前提にした改革を進め始めた。この「開発方策」で，生涯学習の理念を導入する理由は，学校教育全体を生涯学習という基本理念からとらえることを目指すからであろう。

　この方策に述べられている4つの理念は，ユネスコ国際教育委員会が1996年に刊行した『学習：秘められた宝』に記述されている4つの柱である。

　「知ることを学ぶ」は，単に知識を学ぶということだけではなく，学びのスキルを学ぶこと，つまり学ぶ方法を学ぶことを意味する。たとえば，集中力，記憶力あるいは思考力といった学習スキルのトレーニングである。また，「為すことを学ぶ」とは，学んだことを実践を通して体験するということである。要するに，学んだことをよりよく理解するためにも実際に体験し，理論だけを学ぶのではなく，社会的な実践とつなげるということである。カンボジアの文脈では，生活における実践とつながった「ライフスキル」教育に具体化されているといえる。さらに，「人間として生きることを学ぶ」とは，機械のような歯車として生きることではなく，いっそう十全な生き方を目指すこと，知性や感性のバランスのとれた人間として，より完全な人間になるように生きることを目指した学習をすることである。

　「共に生きることを学ぶ」とは，生涯学習が個人学習ではなく，人とともに生きることを通じた学び，他者との関わりの中で学ぶということである。『学習：秘められた宝』には，自分を知ることと同時に，他者について知るということ，他者の観察と自分の観察を通じて，他者と協働しながら，学び続けることが理想とされている。「共に生きることを学ぶ」によって，人間は他人の価値観，人間関係，ソフトスキルを学べる。つまり，人間は一人で生きられない。生きるためには，お互いを信頼し，学び合う必要がある。それはまた，国内の人々と接するだけでなく，学校や職場などを通して，多様な文化を持った外国人や異質な人々と接し，多様な価値観を理解することでもある（UNESCO，1997，66—70頁）。

　ユネスコが開発途上国を主対象としているにもかかわらず，他の国ではあま

り教育政策に直接このような生涯学習の理念を反映している例がみられないことを考えると，ユネスコの生涯学習の理念を教育改革の柱に明確にすえたカンボジアの教育計画は，独自の特徴を持つものといえる。その点で，ユネスコの理念を非常にうまく活用した優れた教育開発計画であるといえよう。この理念をいっそうカンボジアの現実に即して具体的なものとしたのが，カンボジアのライフスキル政策である。

（3）ライフスキルの重点政策

「開発方策」によれば，「『ライフスキル』教育は学校の最も重要な役割のひとつである。この方策では，『ライフスキル』は，意思決定や効果的なコミュニケーションができるような知的，私的，個人間の能力であり，職業を得て健康的で充実した人生を送るための解決能力と自己管理能力を提供するものである」と定義されている（MoEYS, 2004, p.8）。

ライフスキルの概念として代表的なものに，世界保健機構（WHO）の提唱した有名な概念がある。WHO では，「ライフスキル」を次のように定義している。

> 「ライフスキルとは，日常生活で生じるさまざまな問題や要求に対して，建設的かつ効果的に対処するために必要な能力である。その能力とは，意志決定，問題解決，創造的思考，批判的思考，効果的なコミュニケーション，対人関係スキル，自己意識，共感性，情動への対処，ストレスへの対処である。要するに，社会の変化に応じて生きるためには，かつて以上に様々な知識，能力，技術を身につける必要がある。学校での成績だけでなく，実際の社会で生活するためには，前述の能力が不可欠である。」
> （WHO, 1997, 12頁）

また，日本の「生きる力」や欧米の「キー・コンピテンシー」（Key Competency）でも，このライフスキル教育に類似したカリキュラムが各国の目標

とされている。文部科学省によれば，キー・コンピテンシーとは，日常生活の
あらゆる場面で必要なコンピテンシーをすべて列挙するのではなく，コンピテ
ンシーの中で，特に，①人生の成功や社会の発展にとって有益，②さまざまな
文脈の中でも重要な要求（課題）に対応するために必要，③特定の専門家では
なくすべての個人にとって重要，といった性質を持つとして選択されたもので
ある。

　これらの概念に対して，カンボジアの教育で目標とされているライフスキル
教育は，教科の知識にとどまらず，さらに具体的な内容にまで踏み込む内容と
なっている。

　その最も基礎的なライフスキルが，「クメール語」と「基本的な計算能力」
である。これらのスキルの教育が，３年間の初等教育前段階での主な目的と
なっている。これらは，キー・コンピテンシーの道具活用力にあたるものであ
る。

　この「開発方策」にライフスキルに基づいた教育の概念を教育省は導入した
が，その重要性をさらに高める政策文書を次々と発表した。「開発方策」の追
加文書を作成したのである。作成された主な資料は「2006年のライフスキル方
策」，「地域ライフスキルのガイドライン」と「20テーマのライフスキルモ
ジュール」である（図1.5）。

　このライフスキル学習のテーマは，コミュニティと学校側の話し合いによっ
て選択される。学校や地域によって指導する「ライフスキル」の内容が異なる
からである。カンボジアでは，山間地域と平地では，その教育状況，社会的背
景が大きく異なっている。この各地域が直面している多様な社会問題などを防
止，あるいは減らしていくために，それぞれの状況に応じた学校カリキュラム
を導入する工夫がなされたともいえる。さらに，コミュニティと学校が地域の

| 2005-2009年のカリキュラム開発の方策 | 2006年のライフスキル方策 | 地域ライフスキルのガイドライン | 20テーマのライフスキルモジュール |

図1.5：教育省により作り上げたライフスキルに関する主な資料（Paola Massa, 2012より翻訳作成）

第１章　カンボジアの初等教育の現状と特色　　25

実情に応じたテーマの選択により，教員が教育を容易にでき，それぞれの地域の児童にとっても，生活と密着した学習ができ，学習意欲が生まれ，楽しい授業になると考えられている。

2009年に教育省は，USAID（米国開発庁）との協議書を署名した。USAIDは，教育省と連携し，ライフスキルのカリキュラムを作成している。こうして，「ライフスキル」のカリキュラムを中心とした Improved Basic Education in Cambodia（以下，IBEC とする）が誕生した。

IBEC は，30のテーマのマニュアルを制作するため，関係各省と連携している。30テーマの内容は，主に3カテゴリーに分類されている。「社会」，「ビジネスと経済」，「実用的生計」である。全てのテーマが，前期中等教育段階の生徒に深く関わっている。これらのテーマの選択もまた，コミュニティと学校側の話し合いによる。IBEC は，「ライフスキル」をより多くの人々に理解してもらうために，ラジオ放送で2つの番組を提供している。「ライフスキル」に関する具体的なテーマには，鶏・魚の飼育（raising chicken or fish），有機的な庭弄り（organic gardening），環境問題，バイクの修理，髪の切り方，音楽と踊り，アルコール症と薬防止，HIV の防止方法などがある。

「地域ライフスキル教育」（LLS）は，生徒たちが学んだ後，近い将来に家族の支え，あるいは個人の収入につながるようなスキルである。そのため，LLSのことを実用的なレッスンと呼ぶ意見もある。LLS は，基本的な地域の経済ニーズに即した非常に重要な科目である。しかし，そのニーズと児童権利のバランスを取ることも大切である（LLS については後述）。

多くの「ライフスキル」プログラムはコアな科目としてではなく，特別活動として実践されている。さらに，NGOs の資金によって支えられている。その理由は，ノン・フォーマルセクターで実践されることも多いからである。「ライフスキル」プログラムは，高等教育より初・中等教育に焦点が当てられている。その理由は，初等教育や中等教育での児童・生徒のドロップアウト率が高いからである。「ライフスキル」教育によって，児童，生徒の関心や学習意欲を高め，就学率を高めるというねらいがそこにはある。

「ライフスキル」教育は，さらに細かく以下のように分かれている。

①基礎のライフスキル

基礎のライフスキルは，生活のために基本的な技術を得るためすべての学習者に必要なものである。基礎のライフスキルは以下のように分類される。

- 汎用的ライフスキル：個人衛生，安全性，日常生活の計画，体制，関係性，それと高いモラルを持つよい国民性であること。

- 職業準備スキル（Pre-Vocational Skills）：職場・コミュニティにおいて，生徒たちが実践的な貢献者になるためのスキルである。コミュニケーション力，数学力，問題解決力，チームワーク力が含まれる。汎用的ライフスキルと職業準備のライフスキルはすべての学習者にとっての基礎なライフスキルであるとされる。

②職業スキル

学習者が将来的に具体的な職業へ向かって学びたい科目を選べる。職業スキルには以下のものがある。

- 簡単なキャリアスキル（Simple Career Skills）：学習者たちは，その家庭生活と収入向上のために提供される短期の研修コースと簡単なスキルを必要とする。個々の学習者が，自分たちの持つ資源や地域のニーズ，また個人の興味に応じて，キャリアを志向した簡単なスキルを向上するに当たり，多様なアプローチがとられる。

- 職業スキル（Vocational Skills）：将来の職業に向けて，学習者に中長期の研修コースと高度なスキルの教育が提供される。

（4）地域ライフスキル（Local Life Skills）

教育省は，1996年からあるカリキュラム開発政策を2004年に改善した。2004年の改善で，「ライフスキル」教育についての定義を明確にしたのである。

また，「ライフスキル」教育の中に，さらに Local Life Skills（"地域ライフスキル教育"以下，LLS）と呼ばれる新コンセプトを採用した。さらに，「2006年のライフスキル政策」が，カリキュラム開発局（Department of Curriculum

第1章 カンボジアの初等教育の現状と特色　　27

Development）によって作成された。その中で「ライフスキル」と「地域ライフスキル」の違いについては、次のように書かれている。

地域ライフスキルとは、地域の状況に即して展開されるライフスキルであり、地域の状況に応じて提供されるライフスキル教育を地域ライフスキル教育と呼ぶ。また「地域ライフスキル」は、ライフスキルの中に含まれるものとして分類されている。特に、地域ライフスキルの内容は、いっそう実用的なものとされる。

① 「地域ライフスキル」の実践事例

3か月間、毎週、カンボジアのKompong Cham 州に30人程度の生徒たちが集まり、魚を育てる方法を学ぶ。生徒たちは、家計を少しでも助けるために実用的技術を学んでいる。このプログラムを通して、生徒たちは土地の測定方法や池の掘り方の基本的知識を学ぶ。また、彼らは、共同学習、調べ学習、自分たちの社会に関する批判的な思考力（クリティカルシンキング）の方法を習得していく。さらに、チームワーク学習によって、メモのとり方、自分の意見を他人に表現できる書く力や表現力も身につける。

この活動を通して、生徒たちは、自分たちの生活の中での実践力を身につけ

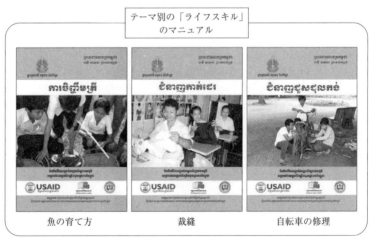

図1.6：テーマ別の「ライフスキル」のマニュアル（USAID, 2014より翻訳、作成）

るだけでなく，勉強のための費用も得ることができる。

　カンボジアは，今後も地域コミュニティと連携し，実用的で実践的なスキル
である「ライフスキル」を全国へ普及していく方向を目指している。ライフス
キル教育を通じて，地域の民間企業や団体の参加によって，学校と地域コミュ
ニティの関係をより強化できる。そのために地域レベルで実践される教育が，
LLS なのである。

　このようにライフスキルとりわけ LLS は，学習者の家庭に将来的な利益を
もたらす重要な生活のスキルの教育となっている。学習者が専門的な知識やス
キルを直接的に家族のメンバーに転移できる。その点にこの教育の重要な価値
がある。学校で学ぶと同時に，それが家庭でも実践されることによって，学習
者が自分で学んだことを家族に教えることを通して，いっそうよりよく学んで
いく。重要なポイントは，それが実際に家計に役立つために，保護者が積極的
に子どもたちを学校に通わせ続けるという点である。

　実際の「ライフスキル」教育の実践においては，多数の課題がまだまだ残さ
れているが，それでも，この教育政策は，カンボジアの初等教育を特色づける
重要な教育施策であることは間違いない。

4　カンボジア初等教育における課題

　カンボジアは，過去20年，持続的な成長と社会的発展を目標としてきた。そ
れにもかかわらず，ASEAN の国々と比べると，まだまだ十分な状況にあると
はいえない。本稿を通じて得られたカンボジアの初等教育の課題を，「現状の
課題」と「カリキュラムの課題」としてまとめたい。

（1）初等教育の現状の課題

　第1に，教育費の問題である。教育に対する政府支出は GDP のおよそ2.6％
であり，この数字は，ラオスとミャンマーより高いが，6.6％のベトナムと比

較してみれば，はるかに低い（MADHUR, 2014, 26頁）。教育分野に対する支出の増大がまず重要な課題となる。地域の国々の教育水準と肩を並べるには，政府が教育分野への投資をさらに強化すべきである。

　第2に，教育のための人材育成である。特に教員の人材育成は重要な課題である。長い内戦で，カンボジアは優秀な知的人材を失い，教育制度がゼロに近いレベルに低下してしまった。国を発展させるためには，まず優秀な人材を作ること，そしてその人材を育てる教員の育成こそが重要である。OECDによる「教員の重要性」調査にも取り上げられているように，よりよい，効果的な教育の質の向上のためには，教員という職業を魅力的にしなければならない（OECD, 2005, 17頁）。カンボジアの教員についての詳しい研究は，中等教育の研究を含めた今後の研究課題としたい。

（2）カリキュラムの課題

　第1に，カリキュラムの内容である。カンボジアの小学校は，半日制度で行われているために，年間500時間程度の授業でしかない。そのためカリキュラム方策に書かれている美術，音楽，保健体育などが，実際にはあまり行われていないのである。また，教材の不足や，それらの授業を教えられる教員の不足も原因と考えられる。この点に関しては，教育省が今後実状に見あったカリキュラムへと見直すべきであろう。

　第2に，児童の学力である。「開発方策」に書かれているように，就職，生涯学習につながるような学びの心や態度を育て，国語（クメール語），および数学の基礎知識の獲得などがカリキュラムの目的となっている。高度な後期中等教育への準備には，基礎教育が不可欠である。そのため，初等教育からの児童の学力の強化が必要となる。特に，国語のクメール語の完全習得が必要であり，リテラシーの向上が期待される。さらに，グローバル社会の中で，ASEANの国々の標準に追いつくためには，英語教育のカリキュラムへの導入が将来的には図られる必要があろう。

　第3に，「ライフスキル」の課題である。図1.7は，各関係者が実践したライ

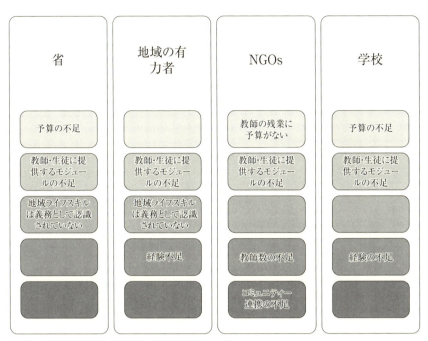

図1.7：各関係者の課題（USAID, 2014より翻訳，作成）

フスキルプログラム LSP について，NEP がまとめた課題である。各関係者に共通の課題は，「教師・生徒に提供するモジュールの不足」である。「ライフスキル」を実践するに当たって，学校や NGOs では，予算の不足，NGOs では教員数の不足と連携の不足である。「ライフスキル」教育に関する知識を持つ教員数がまだ限られている。さらに，有力者と学校では，経験不足が課題となっている。加えて，省と地域では地域ライフスキル教育が義務として認識されていないというのである。

5　おわりに

本章では，カンボジアの初等教育について，その現状と政策を，各種の統計

と政府の計画に基づいて検討し，政策上の課題とカリキュラムにおける課題としてまとめた。

　カンボジアの初等教育の特色は，生涯学習の理念を基礎とし，あるいは理想としながらも社会の現実に応じたライフスキル政策をカリキュラムの中に取り込んでいる点にある。

　本章では，「2005—2009年カリキュラム開発方策」を中心に考察したが，この方策を基礎とした2010年以降の政府の政策がどのように計画されたかの考察は，今後の課題である。さらに，このようなカンボジアの初等教育の動向と課題を考える上で，教員の生活改善政策や養成政策，そして中等教育の現状と動向をとらえていくことが重要となる。同時に，カンボジアの初等教育が世界水準に達する上で，また今後のカンボジアにおける教育カリキュラムの開発と社会で必要とされる職業スキルを考える上で，初等教育に最先端のテクノロジー技術を導入し，そのテクノロジーをどのように教育制度に活用していくかの考察は，今後のカンボジアの初等教育を考える上で重要な研究課題となるだろう。

参考文献

「ASEAN 諸国における市民性教育とアセアンネスのための教育に関する国際比較研究」，http://www.jsps-kaken.com/，（2014年10月取得）

Cambodia Independent Teachers Association（CITA），（2012），*Teacher's Salary and Terms & Conditions Postion Paper 2010-2012*, p.24

International Labour Organization（ILO）and National Institute of Statistics（NIS）of Cambodia,（2013），*Cambodia Labour Force and Child Labour Survey 2012 Labour Force Report: Cambodia*, p. 119

MADHUR Srinivasa,（2014），*Cambodia's Skill Gap: An Anatomy of Issues and Policy Options, Cambodia'd leading independent Development Research Institute（CDRI)*, p.37

Ministry of Education Youth and Sports（MoEYS）Cambodia,（2002），*Policy of Non Formal Education*, p.37

MoEYS,（2004），*Policy For Curriculum Development 2005-2009*,（筆者訳：2005-2009年カリキュラム開発政策, p.13

MoEYS,（2014），*Education Statistics & Indicators 2013-2014*, EMIS Office, Department of Planning, Phnom Penh, Cambodia, p. 58

Ministry of Planning Cambodia,（2008），*Statistical Yearbook of Cambodia 2008 Phnom Penh, Cambodia*, p. 368

OECD,（2005），*Teachers Matter, Attracting, Developing and Retaining Effective Teachers*, p.237

Paola Massa Lane, & Kurt BredenbergAli,（2012），*Life Skills Practics in Cambodia, NGO Education Partnership（NEP)*, p.67

Tully John,（2005），*A Short History of Cambodia From Empire to Survival, Allen & Unwin*, p.268

The NGO Forum on Cambodia, Cambodia National Budget: Budget Law Database 2000-2013, http://www.cambodianbudget.org/budget_database.php（2015年1月取得）

UNESCO,（1997），『学習：秘められた宝　ユネスコ「21世紀教育国際委員会」報告書』，ぎょうせい，218頁

UNESCO,（2000），*Education for All 2000 Assessment Country Report: Cambodia*, p.105

UNESCO, (2006), *GLOBAL EDUCATION DIGEST 2006 Comparing Education Statistics Across the World*, UNESCO Institute for Statistics Montreal Canada, p.193

UNESCO, (2010), *UNESCO NATIONAL EDUCATION SUPPORT STRATEGY UNESS: Cambodia 2010-2013*, UNESCO Phnom Penh, Cambodia, p.65

UNESCO, (2013), *Policy Review of TVET in Cambodia*, p.67

UNESCO Bangkok, (2014), *Education Systems in ASEAN+6 Countries: A Comparative Analysis of Selected Educational Issues*, p.75

UNESCO *Institute of Statistics, Education: Gross enrolment ration by level of education*, http://data.uis.unesco.org/?queryid=142, (2014年10月取得)

USAID, (2011), *School Dropout Prevention Pilot Program Dropout Trend Analysis: Cambodia*, p.40

USAID, *School Dropout Prevention Pilot Program*, http://schooldropoutprevention.com/country-data-activities/cambodia/ (2014年9月取得)

USAID, *Improved Basic Education in Cambodia Project*, http://ibec.worlded.org/Life Skill Manuals/Life_Skill_Manual.html#social, (2014年10月取得)

WHO, (1997), 『WHO・ライフスキル教育プログラム』, 大修館書店出版, 111頁

世界の経済, 統計, 情報, 『世界の一人当たりの名目GDP（USドル）ランキング』, http://ecodb.net/ranking/imf_ngdpdpc.html, (2015年1月取得)

文部科学省, 「教育指標の国際比較（平成20年版）第2部教員10教員1人当たりの児童・生徒数」, http://www.mext.go.jp/b_menu/toukei/001/08030520/010.htm, (2015年1月取得)

文部科学省「OECDにおける「キー・コンピテンシー」について」, http://www.mext.go.jp/b_menu/shingi/chukyo/chukyo3/004/siryo/05111603/004.htm（2017年2月取得）

第2章

カンボジアの初等教育における進路意識の形成
～都市部と農村部の小学校調査を中心に～

1　はじめに

　カンボジアは，1976年に始まるポル・ポト政権から1980年代後半まで，カンボジアの内戦の終結にいたるまで，教育システムがほとんど機能しない状況に置かれていた。とりわけ，ポル・ポト政権時代には，多くの高学歴知識人が殺され，教育を受けること自体が国策に反する状況にあった。しかしカンボジア内戦後，立憲君主制によるカンボジア王国が成立（1993年），その後の長期にわたる教育制度の改善政策の成果により，近年多くの高等教育進学者もみられるようになってきた。だが他方でこの30年の社会発展過程においても，都市部と農村部の間にはその産業や生活環境，教育環境においてまだまだ大きな格差があり，特に地域間の教育格差は，子どもたちの進路形成に大きな影響を及ぼすと考えられる。

　本章は，カンボジアの初等教育の現状を踏まえ，現在の小学生が就職や進学においてどのような進路を取ろうと考えているのか，その意識の実態と教育の課題をキャリア教育の観点から実証的に明らかにしようとする試みである。特に，小学生の進路意識の形成において，親の職業や学歴といった家庭的背景や教育資産がどのような影響を及ぼしているのか，また，親の職業や学歴に現れる地域間格差が小学生の進路形成にどのような影響を及ぼしているかを，都市部（プノンペン）と農村部（カンダル州）の小学生の地域間比較を通じて実証

35

的に考察しようとするものである。

2　キャリア教育の視点

　内戦前にフランスの植民地だったカンボジアは，内戦後も教育制度において
フランスの影響を受け，1985年に職業教育として技術バカロレアが導入されて
いる。児童へのキャリアガイダンスが始められたのは，1990年代である[注1]。
それまでカンボジアの小学校，中学校，高校では，日本の進路指導のような体
系的プログラムとしてのキャリアガイダンスは一切なされていない。児童は将
来のキャリアを意識することもなく，教育と職業資格の関連についての認識も
形成されず，中学校や高校の卒業時に受ける全国一斉試験の結果により進学が
決定される状況にあった。大学の学部や学科の選択でも全国一斉試験の成績が
影響する。その影響の強さが理由なのか，カンボジア語のキャリア教育あるい
はキャリア発達に関する研究文献はほとんどみられない。そこで，本章では，
まず，外国の研究者による理論的な枠組みを参考に小学生の進路形成の枠組み
の手がかりとしたい。

　そもそも，キャリア教育とは何か。日本語では「職業的発達」，英語では
"Career Education" であろう。下村（2013）によれば，心理学のキャリア発達
理論において，「職業的発達」の意味は，次のように変化してきたという[注2]。
職業的（キャリア）発達理論は，古い文献では職業生活を中心とした「職業的
発達」の意味から，現在の文脈では，家庭生活，地域生活などの幅広い意味を
含む「キャリア発達理論」へ発展したというのである。職業生活を中心とした
職業的発達の代表的理論に，ギンズバーグとスーパーの理論がある。それぞれ
において児童期がどのように捉えられているかを次に見ておこう。

　アメリカの経済学者ギンズバーグは，「キャリア発達」を4つの要因から捉
えている。「現実」の認識，「教育プロセスの影響」，「感情的な影響」と「個人
の価値観」の影響である。スーパー（1960）によれば，ギンズバーグはこの4

つの要因が，キャリアの選択の際に進路を導くと述べ，その選択は，次の3つの段階で行われるという[注3]。

1. 空想期（11歳まで）：子どもたちが，将来やりたい職業のことを考えはじめる時期。子どもが勝手に想像を働かせて，現実に基づいていない場合もある。

2. 実験期（11歳—17歳）：子どもたちが自分自身の興味，関心を知り始める時期となり，将来やりたい職業に関する準備をする時期でもある。現実の生活やここまで経験してきたことが，彼らのキャリア選択に影響を与える。

3. 現実期（17歳以上）：子どもたちが，自分の能力と関心を照らし合わせて将来やりたい職業をより深く考える時期である。

このギンズバーグの職業的発達の理論を発展させ，スーパーは，さらに生涯にわたる職業的発達を5つのステージへと展開した。

- ステージ1（成長期，0—14歳）：このステージは，個々の態度，自我概念の成長期と呼ばれる。これ以後，自我概念の発達が職業生活にとって重要となる。

- ステージ2（探索期，15—24歳）：学校，地域，様々な場面での経験を通して一時的選択を行い，スキルを確立していく。

- ステージ3（確立期，25—44歳）：職場での経験を通して，基本的なレベルのスキルを積み上げる。

- ステージ4（維持期，45—64歳）：地位を向上させるために，継続的な調整プロセスが行われる。

- ステージ5（下降期，65歳以上）：職業成果が減少し，定年の準備を行う。

このうち，児童期にあたる0歳から14歳は，スーパーによれば，「自己概念の成長期」にあたる。スーパーは，ミラーとフォームの生活段階の社会学的分類を用いており，児童期を就業準備期として位置づけている。彼によれば，「この時期には，児童は，家庭や近隣や学校などの活動を通じて，働く世界へ

第2章　カンボジアの初等教育における進路意識の形成　　37

の方向付けを伸ばしはじめる」という[注4]。

　また彼は，10代前半からの時期を青年期と位置づけ，その初期段階における家庭での役割学習の重要性を指摘している。「こどもにおいてすら，また家庭の庇護のもとにおいてすら，自我概念が形をととのえはじめ，人の生涯において演じそうな役割が，出現しはじめる。事実，特に，こどものときに，とりわけ家庭で，という方がもっと適切だといいたい[注5]」。

　このような自我概念の成長をさらに詳しく説明したのが，ハヴィガースト（1995）である。ハヴィガーストによれば，児童期における発達課題には3つの領域がある[注6]。

　第1は，家族をはじめ，友人関係の環境である日常生活を中心に，子どもたちが成長する領域である。第2は，神経と筋肉を用いる身体的発達の領域である。この領域では，子どもたちが遊んだり，仕事をしたりすることによって身体的な発達をしていく。第3に，精神上の発達である。大人の持っているような概念や記号，交信などの世界へ子どもは進み成長する。

　こうした児童期の発達課題は多様な文脈で生じる。その文脈を彼は，生物学的基礎，心理学的基礎，文化的基礎から考察し，教育との関連を論じている。普通の遊びに必要な身体的技能，成長する生活体としての自己に対する健全な態度の養成，男子・女子としての社会的役割，読み・書き・計算の基礎的能力の発達，日常生活に必要な概念の発達，良心・道徳性・価値判断の発達，人格の独立性の達成，社会の諸機関や諸集団に対する社会的態度の発達がその内容となる。こうした内容のうち，特に職業的発達に関わるのが，それぞれの項目における文化的基礎の内容である。ハヴィガーストは，この文化的基礎が社会的階級によって異なると論じる。

　この社会的階級の影響，すなわち児童の職業的発達に影響を及ぼす社会的出自をめぐる重要な鍵概念として，「教育アスピレーション」がある。たとえば，三輪哲（2011）によれば，児童の進路形成において，教育アスピレーションが大きな影響をもつという[注7]。同論では，アスピレーションのことを，「社会的諸資源を具体的目標とした達成要求」と述べる。要するに，社会的に多様な

要因や資源によって，個人の具体的目標の達成が目指されるという意味合いであり，個人内部の心理的な動機づけ要因とは区別している。三輪の研究では，子どもの成績は親とのコミュニケーションによる影響は少ないが，出身階層，家庭の文化的背景といった社会的，文化的，そして家庭的な要因が子どもの教育アスピレーションに影響力を持つというのである。

　しかし，このような児童期の進路選択に関する発達の理論的枠組みは，現代の，しかもカンボジアにおいてどのようにあてはまるのだろうか。スーパーのいう家庭の影響，そして，ハヴィガーストが指摘する文化的影響に加え，三輪が述べたような出身階層や社会的要因の影響という点で，これらの視点はどのようにカンボジアの文脈に当てはまるのだろうか。上記の諸理論では，家庭の影響の大きさには触れているが，その家庭の親の職業や学歴自体がいっそう大きな社会的枠組みの中で形成される点には触れていない。すなわち親の職業や学歴あるいは文化的背景自体が地域の産業によって決定されている点や職業間格差についてもふれていない。カンボジアの場合には，その歴史的背景から都市に文化や産業が集中しており，都市と農村の地域間格差を考慮にいれて考察する必要がある。

3　カンボジアの教育制度

（1）カンボジアの教育略史

　カンボジアは，1863年から1953年まで，90年間にわたるフランスの植民地としての歴史を持っている。1953年，同国はフランスから独立したが，政権の交代や内戦，さらにポル・ポト政権によって，国内は何度も不安定な状況に置かれた。また，教育の状況も短期間に大きく変わった。1975年4月から1979年1月にかけてのポル・ポト政権は，現在に至るまで巨大な負の遺産を残したが，1979年9月，約3年ぶりに学校教育が再開された[注8]。

　1993年の新しい憲法63章では，教育について次のように定めた。「全ての国

民に無償の初等教育と中等教育の機会を与え，国民は少なくとも9年間の教育を受けること[注9]」。また，「学習の精神的・身体的能力の全面的発達」は，政府による教育制度の目標となる。同時に，自信，責任，連帯意識，愛国心などを持ち，法律と人権を尊重する国民の育成を目指す。それゆえ学校教育は，「平和に共存し，家族の幸せに対し責任を持ち，社会福祉促進への貢献ができる人材の育成」を担うものとして位置づけられた。

初等教育は学校教育の最初の段階であり，そこでは読み書き計算を中心とした基礎的な教育が行われている。小学校は一般に6歳から12歳までの子どもを対象とし，子どもたちが将来の社会生活を送るうえで，共通に必要とされ社会から期待される基礎的な知識や技能，態度の育成を目標としている（MoEYS, 2004）。

1979年以降，カンボジアの学校教育制度は次のように変化した。1979—86年は10年間の学校教育制（4—3—3），1986—96年は11年制（5—3—3），1996年以降は12年制（6—3—3）が採用された。また，教育省が策定した初等教育カリキュラムでは，クメール語（国語），数学，理科，社会，保健体育の5科目が必修科目となっている。さらに，生涯学習の観点やキャリア発達の観点から重要な科目とみられるのが，「地域ライフスキル・プログラム（Local Life Skills Program, 以下LLSP）」である。LLSPでは，農業，畜産業，農具の製作や裁縫，家計，コンピュータの利用方法といったように，児童の実際生活に即した職業技能に関わる知識や機能を学ぶことができる。小学校4年から6年における国家カリキュラムでは，国語，算数，理科，社会（芸術を含む），保健体育の5教科に加えて，このLLSPが位置づけられている。

さらに，教育省は，2001年に作成したカリキュラム開発の政策に基づき，新しい「2005—2009年カリキュラム開発の政策」および，以下の資料を作成した[注10]。

1．2005—2009年カリキュラム開発の政策

2．2006年ライフスキル教育の政策（Policy for Life Skills Education in 2006）

3．学校，コミュニティー，NGOsにおける地域ライフスキルの実践ガイダ

ンス

4．20の地域ライフスキル・モジュール

　ライフスキル教育の内容や方法は，実際にコミュニティーが直面する課題や各学校が有する資源（教員・教材など）によって異なる。ライフスキル教育は，生涯にわたる収入に貢献できる重要な教育だとみられている。しかし，ライフスキル教育を実践している学校の数は限られており，課外活動として位置づけられている。地域ライフスキル・プログラムは，ライフスキル教育の実践版として具体化されたものである。

（2）カンボジアにおけるキャリア教育と進路形成の特色

　カンボジアでは，初等教育から地域ライフスキル・プログラムが導入され，子どもたちが実際の生活に即して，学習への動機付けが図られると同時に，このプログラムがその後の進路の理解にも影響を及ぼすと考えられている。また，初等教育以降の選抜システムや職業教育に特化したキャリア教育の特色として「職業訓練校（Technical and Vocational and Education Training, TVET）」があるが，この制度は中等教育以後のもののため，本章では簡単に触れるだけにしたい。

①カンボジアにおけるキャリア教育の特徴

　カンボジアの児童の進路形成を考える上で重要なプログラムがライフスキル教育であり，地域ライフスキル・プログラムである。ライフスキル教育は児童・生徒の進路に影響するという点でキャリア教育と同じ教育的意義を持つものといえるが，進路形成の知識や理解を目標としたキャリア教育だけではなく，ライフスキルという実際的な生活スキルの習得や収入の確保を目標として含むという点で異なっている。実際，2004年に教育省は，「各々の学習者が理論を身に付けながら，実用的な知識を通して家庭の収入に貢献できるよう」，2001年のカリキュラム開発の政策を見直し，ライフスキル教育を国家カリキュラムに導入し，「2005—2009年カリキュラム開発の政策」を作成している。

　ライフスキル教育は，新しいコンセプトである地域ライフスキル教育（Local

Life Skills，以下 LLS）より幅広い概念として位置づけられている。児童たち各々の知的，個人的な技能，人間関係や職業に関連するスキルの発達を中心に考えられている。生活に即したスキルや技能の教育により，各々の児童たちが，自主的な意思決定や効率的なコミュニケーション力を持ち，問題解決を自立的に行うことを目標としている。また，このスキルの習得により，児童たちは健康的で生産的な人生をおくることが期待されている。

　一方，LLS 教育は，地域に限られた特定の技能や知識の習得を目指す。特定の地域が直面する社会問題の解決に役立つような特定の知識・技能の習得を目指した授業内容プログラムから構成される。具体的には，HIV／AIDS 問題に直面している地域では，HIV／AIDS に関わる教育を行うというわけである（Paola, Ali & Kurt, 2012）。

②ライフスキル・プログラム

　2006年，教育省は，教育政策を改善し，ライフスキル・プログラムを学校カリキュラムに導入した。競争的な現代社会の中で，より良く効果的に生きることが，政策改善の主な目的である。国家のコアカリキュラム（クメール語，数学，理科と社会）に加えて，ライフスキル・プログラムが学習者に重要な知識・スキルだと考えられており，主に2つに分類されている。基本的なスキル（Basic Skills）と，キャリアスキル（Career Skills）である[注11]。

　基本的なスキルは，さらに，一般的なスキル（General Skills）と就職前の職業準備スキル（Pre-vocational Skills）の2つに分類される。一般的なスキルは，日常生活に必要となるスキルのことで，立案の力や市民としての道徳発達，批判的思考法などを含む。一方，就職前の職業準備スキルは，就職のための準備段階として必要な職業スキルである。具体的には，仕事で必要なコミュニケーション力や多様なソフトスキル，ある程度の計算力，問題解決力，チームワーク精神である。

　キャリアスキルもまた，単純なキャリアスキル（Simple Career Skills）と，職業訓練スキル（Vocational Skills）の2つから構成される。単純なキャリアスキルは，第1学年（小1）～第10学年（高1）まで対象をし，家庭収入が得

られるような簡単なスキルである。学習者は，自分が暮らす地域のニーズや資源，そして個人の関心によって，異なるアプローチでそのスキルを開発できる。職業訓練スキルは，職業訓練校によって提供される選択科目で，第11学年と12学年の生徒を対象とする。プログラムは30モジュールから構成され，社会関連テーマ，経済と経営関連テーマ，就職前の職業訓練関連テーマの主な3つの領域から構成される。

実際には，ライフスキルであれ，地域ライフスキルであれ，予算不足，教材・補助教材の不足，専門的な技術を持った教員の不足に学校が直面し，大きな課題となっている。多くの学校が，LLS教育を必要な課題と考えているにもかかわらず，NGOsや政府にとって実践面での予算やスタッフの不足が大きな障害となり，他の5教科に比べてLLS教育が全ての小学校で実施できる状況にはなっていない。

③職業訓練（TVET）

前期中等教育を修了後，生徒には2つの選択肢がある。1つはそのまま後期中等学校へ進学するか，もう1つは労働職業訓練省（Ministry of Labor and Vocational Training, MoLVT）が提供する中等レベルの職業訓練プログラムを受けるという選択肢である。後期中等教育修了後も，大学進学と職業訓練校への入学という2つの選択肢がある。

訓練を受けた労働者の育成により，将来性のある人材に，国の安定性，経済成長，貧困削減への貢献を果たせると政府が考え，制度化したのが，技術・職業訓練プログラムである[注12]。TVETプログラムは，学校教育を受ける機会のない人々，または途中退学の児童・生徒を対象としている。こうした対象者が収入を得られる仕事につけるように，①職業に関連する知識，②実用的な技術やスキルを提供するのが，プログラムの主な目的である。この職業訓練プログラムは，特に学校を中退した勤労者にも焦点を当てている。Khieng, Srinivasa & Chhem（2015）によれば，カンボジアの労働市場では未だに多くの職業に関する専門的なスキルが不足している。そのため，TVET制度が，主要な様々な技術・職業を中心とした多様な学習方法と内容を提供する機会となってい

る[注13]。

④進路形成の課題

　ポル・ポト政権崩壊後，国は，教育システムの回復に向け全力をあげた。1979年以降，カンボジアの教育制度が改善され，"Vocational Orientation Education"（職業志向の教育）政策も導入された。若者の労働は，国の経済成長に貢献する巨大な力だと考えられている。カンボジアは，東南アジアの中で，若い人口の多い国である。政府統計機関の推測によれば，2008年までの30歳未満の人口が65.2%にのぼる[注14]。ところが，国全体の若者人口の35%しか前期中等教育に就学しておらず，わずか6%しか職業訓練校に就学していないという状況であった。

　さらに，多くの児童や生徒の課題が，卒業後の就職問題である。労働市場では，労働者のスキルと職業市場のニーズの不一致という問題が存在する。世界経済フォーラムが2014年に発表したレポートでは，職業市場のニーズとして求められている資格を満たしていない労働者が56%にものぼっている[注15]。優秀な人材を活用するには，人材育成をよりよく効果的にする一方，カンボジア自体の産業発展を図る必要がある。都市部と農村部の発展のギャップが，急速な経済成長の影で生じている。

　教育面では，初等教育段階から，児童に進路形成の見通しを持たせることが学習への動機付けという点でも重要となる。基礎的な学力の必要性はいうまでもないが，将来の職業についての知識や理解を持ち，児童が早い時期から関心を持った職業に向かってどのような準備をし，必要な知識・スキルを習得すべきか，学校のカリキュラムにキャリア教育を導入し検討することが重要となる。児童の関心や才能にあった職業的スキルの形成は，個人の問題というだけではなく，カンボジアにとっても専門的な人材を育てる重要な課題なのである。そのため，実際生活に即したライフスキル教育のような短期的プログラムだけではなく，将来のカンボジアの発展を見据えた長期的な教育政策が課題となっている。

　以上の特色をもつカンボジアのキャリア教育について，本章では，特に初等

教育に焦点を絞って実際のデータに即しながら，児童の進路形成意識の実態を実証的に考察する。

4　初等教育における進路形成の実態と課題

（1）初等教育における進路形成に関する調査の概要

①調査の目的・期間

　児童の学習意欲を高めるには，将来の職業や日常生活と教育のつながりを強める必要がある。学習内容が将来の職業や日常的な現実とつながれば，学習が空虚なものではなく，現実生活との結びつきが生まれ，学習意欲も高まる。

　そこで，カンボジアの初等教育機関，小学校児童を対象とした進路形成の調査研究を実施した。研究の目的は，子どもたちが職業と結びつく意識はいつ頃からどのように形成されるのか。その職業観が小学校段階でどのように生じているのか，またその意識の形成に親や家庭の文化的背景がどのようにどの程度の影響をもつのか，そうした意識は農村と都市といった地域間でどのような差異がみられるか，といった問題の探索にある。この問題を探索する意識調査を，2015年の8月（7月30日〜8月10日）に実施した。

②調査地域の特徴

　調査対象地域は，都市部プノンペンと，プノンペンから約80Km離れたカンダル州の2カ所である。カンダル州は，カンボジア南部に位置し，首都プノンペンを囲む11郡で構成されている。調査は，11郡の中にある Kien Svay 郡の Chhe Teal コミューンの中の4つの小学校で行った。調査地域の基本的特徴は，次のようになっている（表2.1と表2.2）。

- 産業：首都プノンペンは商工業を中心とした地域であり，カンダル州は農業を主たる産業とする地域である。
- 教育：都市部のプノンペンに比べてカンダル州は，初等，中等教育いずれの段階でも進学率が低く，留年率や途中退学率が高い。

表2.1：都市部（プノンペン）と，農村部（カンダル州）の基礎データ

	都市部	農村部
面積	375平方メートル	3211平方メートル
人口	183万5千人（推定2015年，女性53%）	144万3千人（推定2015年，女性51%）
行政	9地区，96コミューン，891村	11郡，127コミューン，911村[2]
世帯	352,702世帯	238,435世帯
世帯当家族数	4.8人	4.7人

出典：（1）Population Projections For Cambodia, 2008—2030
　　　（2）Economic Census of Cambodia 2011, Provincial Report, 08 Kandal Province

表2.2：地域別の各教育段階の統計

地域	初等教育 (第1-6学年)			前期中等教育 (第7-9学年)			後期中等教育 (第10-12学年)		
	進学率	留年率	途中退学率	進学率	留年率	途中退学率	進学率	留年率	途中退学率
プノンペン	94.1	2.1	3.8	83.5	2.7	13.7	75.9	5.6	18.5
カンダル州	87.7	5.4	6.9	77.5	1.8	20.7	66.5	4.3	29.2
カンボジア	86.5	5.1	8.3	77.2	1.8	21.0	68.5	4.0	27.5

出典：MoEYS（2015）

- 貧困率（2004—2012）：両地域の貧困率は，2004年（プノンペン6.8%，カンダル州27.6%）から，2009年（プノンペン0.2%，カンダル17.6%），2012年（プノンペン0.1%，カンダル14.6%）となり，両地域とも貧困率は近年急激に減少している。しかし，プノンペンと比較してカンダル州の貧困率はまだまだ高い[注16]。

③調査の対象と配布・回収数

　調査対象者は，都市部（プノンペン）と農村部（カンダル州）の小学校6年生である。対象者とその配布・回収数の内訳は，次の通りである。

【配布枚数】都市部（322部），農村部（400部）

【回収枚数】都市部（322部：うち男子50.3%），農村部（382部：うち男子49.5%）

④調査の方法と内容

　調査にあたり，カンボジア政府の許可を得て，指定された小学校と日時で調査を実施し，各クラスに質問紙を配布し，その場で回収した。調査の質問項目は，国立教育政策研究所の調査を参考とし，「カンボジアにおける初等教育の進路形成」と題した質問紙とその項目を作成した（国立教育政策研究所, 2005）。調査内容は，主に次の5つのカテゴリーで構成した。

- カテゴリー(1)：家庭の文化的背景（親の職業と学歴，家庭の教育資産，蔵書数）
- カテゴリー(2)：ICT の利用状況（パソコンの利用経験）
- カテゴリー(3)：進学希望と留学希望
- カテゴリー(4)：将来に就きたい職業の有無と職業に対する価値観
- カテゴリー(5)：学習の自己評価（得意・不得意な科目）と学校外の学習

以下，その結果から，親の職業や学歴，教育資産といった児童の家庭環境と自己評価が，児童の進路意識の形成にどのような影響を及ぼしたかという点について，地域間格差に焦点を当てた分析を行った。

（2）初等教育の地域間格差

　本書は，カンボジアの2つの地域を対象としている。特に進路形成の意識という観点からみた時，プノンペン（以下，都市部）とカンダル州（以下，農村部）の学校では，非常に大きな地域間格差が生じていることがわかった。

　まず，家庭の基本的状況についてその年齢構成と年齢・兄弟数をみると，都市部の6年生の年齢分布は，次の通りである。10歳の児童が1.2％，11歳が12.7％，12歳が70.2％，13歳が13.4％，14歳が0.9％，15歳が1.2％，16歳が0.3％となっている。農村部では，10歳の児童が4.7％，11歳が23.3％，12歳が49.2％，13歳が17.8％，14歳が4.7％，15歳が0.3％となっている。小学校6年生の年齢は12—13歳となっているが，このような年齢の広がりには主に次の2つの理由がある。第1に，就学年齢より早く就学した児童として，成績優秀者の場合飛び級制度が採用されているからである。第2に，就学年齢より入学が

第2章 カンボジアの初等教育における進路意識の形成　　47

遅れたり，留年を繰り返したりする児童が存在する。両地域の兄弟数をみると
その平均は3人（N=704）である。都市部の平均は2.8人であり，農村部では
3.5人と農村部が多い。

　こうした地域の状況をふまえながら，さらにカテゴリー（1）から（5）の
特性について，地域間の相違を考察する。

カテゴリー⑴：家庭の文化的背景

a）親の職業

　父親の職業：両地域について，父親の職業を比較できるように，次のカテゴ
リーに分類した。自営業者，公務員，専門的職業（教師，大学の教授，建築家，
医師，看護師，弁護士，通訳者を含む），会社員，農家，その他（専業主婦を
含む）である。その結果，都市部では，自営業者と公務員の割合がほぼ同じで，
それぞれ34.8％と32.6％である。一方，農村部では，自営業者が14.5％，公務
員が4.7％と低くなり，農家の割合が6割を超えている。

　母親の職業：両地域の母親の職業については，次のカテゴリーに分類した。
専業主婦，自営業者，専門的職業（教師，大学の教授，建築家，医師，看護師，
弁護士，通訳者を含む），公務員，会社員，農家とその他である。都市部では，
専業主婦が43.5％と農村部の2倍近い。それに続くのは，自営業（36.3％）で
これも農村部の2倍となっている。専門的職業では，都市部（10.2％）とやは
り農村部に比べて多い。一方，農村部では，49.2％が農家である。都市部では
農家はわずか1.0％しかみられない。母親で会社員という職業は，両地域でも
低い（都市部2.5％，農村部0.8％）。すなわち，都市部のおよそ5割の母親が
専業主婦である一方，農村部の母親は父親と同じく農家であることがわかる。

b）親の学歴

　親の学歴（図2.1）は，「小学校未満（学校に通っていないを含む）」「中学校
卒」「高校卒とその他（短期校・短期大学を含む）」，と「大学院を含む4年制
大学卒以上」（以下大学卒以上と省略）に分類する。都市部の父親は，42.2％
が大学卒以上であるのに対し，農村部の父親はわずか7.6％である。一方，「高
校卒とその他」の割合はどちらも3割程度であるが，「小学校未満」の父親は，

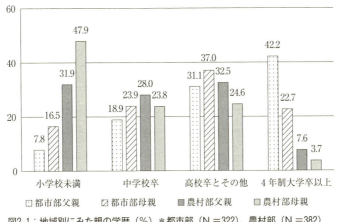

図2.1：地域別にみた親の学歴（%）＊都市部（N＝322）。農村部（N＝382）

農村部が都市部と比べ圧倒的に高い比率となっている。

　母親の学歴は，都市部では「大学卒以上」の比率が22.7%に対して，農村部では非常に低く3.7%しかない。また，「高校卒とその他」の比率は，都市部が農村部より1割程度高く，中学校卒の割合はどちらも30%近い。「小学校未満」は農村部がやはり圧倒的に高く50%近くもある。

c）教育的資産

　本調査では，親の職業や学歴と共に，家庭の教育に関わる所有物や蔵書冊数，いわゆる教育的資産が，子どもたちの将来に及ぼす大きい影響を持つと考え，家庭におけるテレビやパソコンの利用状況，教育用の道具や自分専用の部屋についてもたずねた。教育的資産は，また社会学で文化的資本とも呼ばれる。その地域間格差は，次の状況にある。

　教育関連の所有物：両地域では，「テレビ」と「学校の勉強の参考書」の所有率が高く，9割を超えている。地域間の格差がみられるのは，「辞書」，「自分専用の電卓」，「自分専用の携帯電話」，「インターネット接続（回線・無線）」，「自分の部屋」，「勉強に使えるPC」，「教育用のPCソフト」の割合である。都市部は農村部より，2倍以上高い比率となっており，「勉強に使えるPC」と「教育用のPCソフト」では4倍，「インターネット接続」では7倍の格差がみ

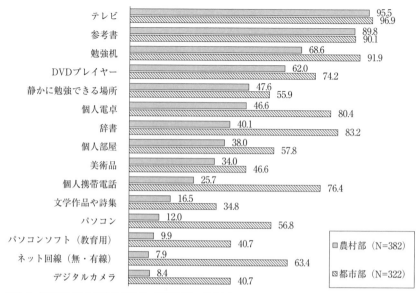

図2.2：地域別にみた家庭の所有物（複数回答，単位%）

られる（図2.2）。また，家庭にある美術品や文学作品，詩集などの資産も都市部の家庭の比率が高い。このように，都市部の子どもたちの家庭の学習環境は豊かであり，農村部よりはるかに高い教育的資産の状況がみられた。

　蔵書冊数：自宅の蔵書冊数は，家庭の知的環境や，親の識字率を反映し，児童の学習に影響を及ぼすとみられる。その結果，「100冊以上」の比率は都市部が30.1%に対して，農村部が10.7%である。他方，「100冊以下」の割合は都市部では69.9%，農村部では89.3%である。都市部の家庭が農村部より蔵書冊数が多い傾向が明らかにみられる。

カテゴリー(2)：ICT の利用状況

　これまでパソコンを利用したことがあるかないかについてたずねた結果では，都市部でパソコンの利用経験が「ある」とする回答率が74.5%であるのに対して，農村部の児童は，24.1%に留まる。

カテゴリー(3)：進学と留学希望

a）進学希望

「どの教育段階まで進学したいですか」（進学希望）との問いに対し，都市部の児童は，72.5％が4年制の大学以上を希望し（農村部65.2％），7.9％が短期校・短期大学（農村部9.8％），7.9％が高校まで（農村部22.8％），1.3％が中学校まで（農村部2.2％），10.4％がその他（農村部0％）と回答した。都市部の児童は，農村部の児童より高い教育を望む傾向にある。他方，進学を高校までしか望まない農村部の児童は非常に多い。

図2.3は，進学する際の規準を尋ねた結果である。その結果，都市部の児童は「自分の学力」をまず優先し，「親・家族の勧め」がそれに続く。一方，農村部では，「自分の学力」を優先する点では変わらないが，都市部の児童以上に身近な人々である「親・家族」の意見や，「教師」の意見を参考にする傾向が強い。

さらに，表2.3は，進学校を選ぶ際の重視点を進学希望のレベル別に見た結

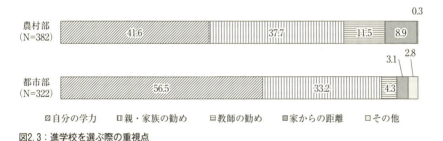

図2.3：進学校を選ぶ際の重視点

表2.3：進学希望別にみた「進学校を選ぶ際の重視点」

地域	進学希望	進学校を選ぶ際の重視点（％）				
		自分の学力	親・家族の勧め	教師の勧め	家からの距離	その他
都市部 (N=322)	高校以下	45.2	42.5	0.0	8.2	4.1
	大学以上	59.8	30.5	5.6	1.6	2.4
農村部 (N=382)	高校以下	24.4	50.5	5.5	15.6	0.0
	大学以上	46.9	32.6	13.9	6.2	0.4

果である。進学希望の変数である選択肢（「中学校」「高校」「短期校・短期大学」「4年制の大学」「大学院」）を大きく2つ選択肢（「高校以下」と「4年制の大学以上」）に分けた。都市部であれ，農村部の児童であれ，「大学以上」までの進学希望者ほど「自分の学力」を優先的に考える児童の比率が高い（都市部59.8%，農村部46.9%）。また，大学以上の進学希望者ほど「教師の勧め」を参考としている点は，都市部，農村部に共通する。逆に，高校までの希望者ほど，「親や家族」の意見を優先的に考える比率が都市部，農村部ともに高い。農村部では，家からの近さ，距離を参考とするものが高校までの進学者に（15.6%）みられる。

b）留学希望

留学の希望について，留学したいと回答した都市部の児童は80.4%であり，農村部は69.6%である。「わからない」との回答率は，両地域でほぼ同じ結果となった（都市部9.6%，農村部9.4%）。留学先の国については複数回答で尋ねた。都市部では，アメリカ（53.3%），オーストラリア（32.0%），フランス（17.8%）が続き，第4位は日本とシンガポール（13.5%），最下位はニュージーランド（8.5%）となった。「その他」の割合が20.5%となり，多様な国々があげられた。一方，農村部では第1位が日本（29.7%），アメリカ（29.3%），フランス（27.4%），オーストラリア（17.7%），シンガポール（16.5%）が続き，最下位はニュージーランド（3.4%），その他が4.5%となった。日本に留学したい回答率は農村部が都市部より高い。

カテゴリー(4)：将来就きたい職業の有無と職業に対する価値観

a）将来就きたい職業の有無

将来就きたい職業の有無を尋ねた結果では，都市部では92.5%が「ある」，5.3%が「わからない」と回答した。それに対して農村部では86.1%が「ある」，11.0%が「わからない」と回答した。都市部の児童に仕事に関する将来像が明確となっている。

b）就きたい職業の種類

さらに将来就きたい仕事を「有」と回答した児童に「どんな仕事をしたい

か」と尋ねた結果が表2.4である。「エンジニア」や「IT」,「医者」など都市部の児童に専門的な職業への回答が多い結果となっている。

c）職業観

児童の職業観についての理解を図るために,「将来何のために働きたいですか？」という質問の結果が図2.4である。両地域ともに多数の児童が「偉くなるため」という項目を選び,8割を超える。現実的選択肢である「暮らすのに必要なお金をもらうため」,「自分

表2.4：将来就きたい職業のランキング
（都市部の比率が高い順，単位%）

職業内容	農村部	都市部
医者	22.2	25.5
銀行員	14.0	15.4
会社員	24.0	14.4
公務員	8.2	7.7
IT関係	2.7	4.4
エンジニア	0.0	4.0
ファッションデザイナー	3.3	2.3
弁護士	0.0	2.3
看護師	0.0	2.0
自営業	0.0	2.0
教師	18.5	1.7
建築関係	3.6	1.7
作曲家・歌手	0.0	1.7
作家	3.3	1.3
その他	3.3	13.4

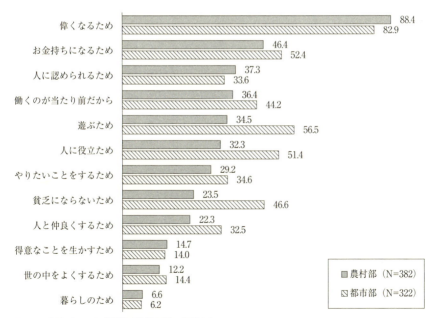

図2.4：地域別にみた職業観（複数回答，単位%）

の得意なことを生かすため」といった項目が両地域とも低い。この結果は，児童なりの回答だとも言えるが，スーパーが「キャリア発達」理論で取り上げたように，11歳までは空想期で，物事を想像して考える時期だという傾向がカンボジアの児童でも確認できた。

d）希望する給料

表2.5：地域別にみた希望する給料（月額，単位％）

希望給料	都市部 （N = 322）	農村部 （N = 382）
$ 100— $ 500	27.6	51.0
$ 501— $ 1000	44.7	42.4
$ 1000 +	27.6	6.5

「将来付きたい職業で給料をどれくらいもらいたいですか」と尋ねた結果が表2.5である。都市部は農村部より高い給料を求めている。経済の発展状況から考えても，都市部で暮らすにはかなりの生活費が必要という都市部の児童の現実認識がそこに現れている。

カテゴリー(5)：学習の自己評価と学校外の学習

a）自己評価

　進路選択に最も大きな影響を及ぼすと考えられるのは，児童本人の学力である。しかし，本調査では児童の学力を直接測定せず，児童自身に自分の学力について，7つの教科毎に，得意，普通，不得意と自己評価してもらった（表2.6）。都市部では，「歴史」と「地理」が得意であり，農村部では得意な科目が都市部より多様であり，上記の2教科に加え「国語」，「理科」，「社会」の自己評価も高い。「普通」の比率は都市部に多くみられる。

表2.6：得意な科目（％）

科目	都市部（N = 322）			農村部（N = 382）		
	得意	普通	不得意	得意	普通	不得意
国語	28.9	69.3	1.9	56.0	40.1	3.9
算数	28.3	64.6	7.1	27.2	64.1	8.6
理科	18.3	78.3	24.3	24.3	67.8	7.9
社会	19.9	77.0	3.1	33.2	60.7	6.0
歴史	26.7	66.8	6.5	13.9	73.8	12.3
地理	26.4	68.6	5.0	19.6	68.1	12.3

得意と回答した教科数を合計しさらに３分割した結果から，得意な科目の回答数の多い児童（高い自己評価群）と少ない児童（低い自己評価群）を地域別にみた結果では，高い自己評価群の割合（都市部24.0％，農村部33.1％）に比べ，低い自己評価群（都市部40.1％，農村部33.4％）に都市部の児童がわずかに多い。ただ，自己評価は自分の達成目標の高さとも関係しているため，都市部の児童の達成目標が高い可能性もある。

b）学校外の習い事

　「学校外で習い事やスポーツをしていますか」と尋ねた結果では，都市部も農村部も大きな差がみられない（「ある」の回答率，都市部90.7％，農村部89.3％）。「ある」の回答者にその内容について，特に進学に影響すると考えられる「塾・予備校」，「家庭教師」，「英語・英会話」の学習状況をみた[注17]。「塾・予備校」で学んでいると回答したものは，都市部54.1％，農村部41.3％となり都市部の比率が高い。「英語・英会話」については，都市部が47.％，農村部が61.6％となった。

5　進路意識の形成に関する要因分析

　本調査から，児童の進路意識の形成要因について，実際にどのような仕事に就きたいかという職業の進路や職業観に関わる分析と，進学希望に関わる分析ができる。ただ，児童の場合は職業進路についてはまだ空想期の段階にあるため，本章では，実際の進学希望への影響についての分析のみを中心とし，職業観については親の職業との関連だけをみることとした。

（１）両地域の主たる要因の比較

　両地域の主たる要因の比率については，表2.7に示した。
親の学歴：両地域とも父親の学歴は母親の学歴より高い。地域別にみると父親も母親も，農村部より都市部が高い学歴を有している。

第２章　カンボジアの初等教育における進路意識の形成　　55

表2.7：地域間の比較のまとめ

変数	地域	
	都市部	農村部
父親の学歴（高校以上）	73.3%	40.1%
母親の学歴（高校以上）	59.6%	28.3%
■ 自宅の所有物		
パソコン	56.8%	12.0%
辞書	83.2%	40.1%
インターネット回線	63.4%	7.9%
勉強机	91.9%	68.6%
個人部屋	57.8%	38.0%
蔵書冊数（100冊以上）	30.1%	10.7%
パソコン利用経験（有）	74.5%	24.1%
■ 重視点（進路を選ぶ手がかり）		
自分の学力を優先	56.6%	41.6%
家族の勧めを優先	33.2%	37.7%
教師の勧めを優先	4.3%	11.5%
自宅に近い学校を優先	3.1%	8.9%
留学（したい）	80.4%	69.6%
将来就きたい職業（有）	92.5%	86.1%
習い事（している）	90.7%	89.3%
自己評価（高い）	59.3%	64.1%

自宅の所有物：所有物に関する項目のうち地域別の差異がみられるものだけをここでは取り上げた。都市部では，インターネット回線やパソコン環境が農村部より普及している現状にある。テクノロジー環境の差異により，パソコン利用経験をもつ都市部の児童は，農村部より3倍高い。また，教育的資産（個人部屋，蔵書冊数など）においても，都市部が農村部より高い。特に，蔵書冊数は，農村部より都市部が3倍近く多い。

家庭環境や教育的資産の地域間格差は大きいが，「留学をしたい」，「将来就きたい職業がある」，そして「習い事をしている」という点で，両地域の児童にはそれほど差異はみられない。進学の基準として「自分の学力」で決めるという比率は，都市部の児童に高い。それ以外の「親や家族・教師の勧め」や「距離（自宅に近い学校）」を優先的に考えるのが農村部の児童である。家庭環境や教育的資産が豊かで留学希望も高いのが都市部の児童だが，自己評価は農村部がわずかに高い。

（2）父親の職業から見た児童の進学希望

両地域を合わせて，父親の職業別に児童の進学希望をみたのが表2.8である。

表2.8：父親の職業別にみた児童の進学希望

進学希望	父親の職業（%）					
	専門家	公務員	会社員	自営業	農家	労働者
わからない	2.4	14.6	5.1	6.0	2.1	5.2
高校まで	16.9	8.1	15.4	17.4	27.8	31.0
短大まで	8.4	4.9	12.8	14.4	7.7	15.5
大学まで	30.1	30.9	28.2	31.7	52.6	31.0
大学院	42.2	41.5	38.5	30.5	9.8	17.2

$(Cr = .208, p < .001)$

父親の職業が農家の場合であっても，児童の大学進学希望率は高い（52.6%）。ただ，父親の職業が専門家や公務員といった職業の場合，大学以上の高等教育として大学院への進学希望は高い傾向にある。

（3）学習状況と進学希望の関連

①児童の自己評価が進学希望に及ぼす影響

児童自身の学力の自己評価について，各科目の「得意」「普通」「得意でない」という選択肢で「得意」3点，「普通」2点，「得意でない」を1点とし，その合計をとると最大の点数は21

表2.9：科目に対する自己評価と進学希望の関係

自己評価		進学希望（%）	
		高校以下	大学以上
都市部（N = 322）	低い自己評価	53.4	36.9
	高い自己評価	46.6	63.1
農村部（N = 382）	低い自己評価	52.3	29.3
	高い自己評価	47.7	70.7

点となる。そこで15点以上のものを高い自己評価グループ，15点以下を低い自己評価グループとした。このグループを地域別に進学希望を見た結果が表2.9である。両地域ともに，高い自己評価グループほど進学希望が高い傾向がみられる。自己評価と進学希望の関連性は，農村部の児童ほど大きい。

②児童の学校外学習が進学希望に及ぼす影響

すでにみたように，学校外学習においては，塾や予備校に通う児童が都市部に多く（都市部49.1%，農村部41.3%），英語学校に通う児童は農村部に多い

傾向（都市部43.5%，農村部61.6%）がみられた。こうした学校外学習は進学希望にどのような影響を及ぼしているのか。学校外学習と進学希望との関連をみた結果，英語学校での学習者との関連はみられなかった。しかし，塾や予備校に通う児童の場合，高校までという回答が39.1%であるが，大学で44.7%，大学院までの進学希望者は53.0%となった。学校外の学習塾や予備校に通う児童に対し，これらの学習機関が進学希望に少なからぬ影響をもたらしつつあると考えられる。

（4）相関係数の分析

　以上の統計分析を踏まえ，親の学歴や家庭の文化的資産が児童の進学希望にどのような影響があるかみるため，2変量の相関分析を行った。表2.10に，両地域の各変数と児童の進学希望との関係を示した。進学希望との関係をみると，各変数のいずれもが進学希望と正の関係にある。特に，自己評価，留学希望，

表2.10：進学希望の相関係数分析（両地域）

進学希望	父親学歴	母親学歴	PC	ネット回線	辞書	勉強机	個人部屋	蔵書冊数	留学	自己評価	塾習事
Pearson	.128**	.109**	.085*	.141**	.138**	.074*	.049	.087*	.162**	.172**	.061
有意（両側）	.001	.004	.025	.000	.000	.049	.192	.021	.000	.000	.107
N	704	704	704	704	704	704	704	704	704	704	704

表2.11：地域別の相関係数分析

	進学希望	父親学歴	母親学歴	PC	ネット回線	辞書	勉強机	個人部屋	蔵書冊数	留学	自己評価	塾習事
都市部	Pearson	.092	.068	.052	.189**	.114*	.057	.138*	.048	.200**	.120*	.133*
	有意.（両側）	.098	.221	.350	.001	.040	.305	.013	.387	.000	.031	.017
	N	322	322	322	322	322	322	322	322	322	322	322
農村部	Pearson	.126*	.113*	.073	.055	.126*	.059	-.043	.107*	.125*	.212**	.006
	有意.（両側）	.014	.027	.152	.282	.014	.246	.399	.037	.015	.000	.913
	N	382	382	382	382	382	382	382	382	382	382	382

ネット回線の有無，親の学歴（特に父親の学歴）は，児童の進学希望と強い関係にある。

表2.11は，表2.10をさらに地域別にみた結果である。都市部では，留学希望が最も高い相関を示し，教育的資産としてネット回線の有無，個人部屋が続き，塾や習い事，そして自己評価との相関が高い。農村部では，自己評価が最も高い相関を示し，父の学歴がこれに続き，教育的資産として辞書や蔵書冊数，留学希望が高い相関を示した。農村部では，自己評価に加え，父親と母親の学歴が進学希望に影響している。

6　まとめ

本章では，小学校の児童の進路意識の形成について考察してきた。

まず，カンボジアの教育制度の現状と統計の検討から，キャリア教育そのものの制度化が十分に図られていないことを示した。しかし，他方で初等教育段階からライフスキル・プログラムが行われ，中等教育以降は職業訓練校の設置が図られている。ライフスキル・プログラムについては，学校の訪問調査時に，先生たちと話す機会を得た。先生たちの話によれば，国のカリキュラムではLLS科目が導入されているが，予算不足のためLLSを十分に実践できているとは言い難いとの言質も得た。その実施にあたって対応できる教員の人数や専門家も限られるという。そのため，本調査では進路意識に関する質問項目から，教科としてのLLSについての質問を除いた。もし今後，政府の施策通りにライフスキル教育が充実すれば，その教育がどのように児童の進路形成に影響するかを測定する必要がある。

また，カンボジアが直面する現状として，キャリア教育面での重要な課題のひとつが教育訓練と職場のスキルのミスマッチ（Mismatching Skills）である。教育の進展に伴って高度化する労働者のスキルと，実際のカンボジアで必要とされる労働市場のスキルが合わないという状況である。質問紙調査の結果から

は，農村部の多くの親が農業を主たる職業としている。また，テクノロジーの面では，パソコンやインターネット回線に接続している家庭がまだ少ない。それに対して，都市部では，農家の親が非常に少なく，自営業や知的な職業に就く親が多い。当然ながら，テクノロジー環境は農村部より整備されている。

ただ，親の職業は，進学意識の形成に大きな影響はみられず，両地域とも高等教育を希望する児童が多い。未だに農村部の児童は高校までという意識を持つものも多い。両地域とも，親の学歴以上に本人の自己評価が進路意識の形成に影響を持っている。

児童が進学や進路を考える上で，高校までの進学希望しか持たないものには，友人や家族などからアドバイスを得る比率が高く，他方，大学以上の高い進学希望を持つものほど自分の学力に関する自己評価を基準とするものの比率が高い。低い進学希望のものほど，地域の産業や家庭の職業，文化的な資本の影響が現れる。しかし同時に，親の職業や学歴は，家庭の教育的資産の形成に影響し，たとえばパソコンや蔵書冊数が児童の進路意識の形成に影響しているという点では，間接的な影響をもたらしている可能性がある。

結果として，進学に大きな影響を持つのが児童自身の自己評価であった。つまり，学校や塾あるいは予備校での自己評価が進路意識の形成に影響し，留学希望といった将来の職業に関係する。このことは，児童の学力が高いものほど親や地域の影響を受けにくく，逆に学力の低い児童ほど家庭や地域の文化的資産の影響を受けやすいことを示している。

最後に，進学希望への影響の要因分析では，親の職業と学歴，教育資産，自己評価，留学希望，塾や習い事と進学希望との関連を総合的に検討した。その結果，児童の進学希望と相関が最も高い項目は，都市部では留学への希望であり，農村部では，自己評価との相関が最も高く父親の学歴がこれに続く。都市部ほど高い進学希望があり，その背景には留学への高い希望がみられる。他方，農村部では，進学希望の高さは自己評価と関わり，父親の学歴がそれをさらにプッシュしている可能性がある。

初等教育の進路意識の形成調査の結果からわかったことは，都市部の児童ほ

ど進学意識が高く，農村部の場合には未だ家庭の影響力が強いということである。農村部の児童に高い進学意識を形成するには，学校教育で児童の自信をつけ，親の学歴や教育的資産を豊かにできるような地域の豊かな公共の文化的資産が必要となろう。

　今後，カンボジア政府は，児童や生徒の進路形成と実際の産業の発展を見据えた教育政策に注意を払う必要がある。実際にはキャリアガイダンスを含めたキャリア発達に関する相談の場さえ，学校現場でははとんど設置されていない。キャリア選択にあたって多くの児童は進路が見えず，現実社会とのキャリアバランスが不均等な状況にある。地域のライフスキル・プログラムは確かに児童の実際生活に即した学習を行う機会を提供する可能性があるが，そうした短期的な解決策への疑問が残り，カンボジア社会の将来像の中で，10年，20年後の職業がどうなるのかを考える機会とはなりにくい。児童は，将来に向けて自分自身の好みや才能を考え，伸ばす機会もなく，労働市場のニーズに基づいて仕事を選択する状況に置かれている。この問題を解決するためにも，児童たちに早期からの進路形成の機会を提供し，職業情報を各学校に提供できるようなキャリア教育政策の構築が求められる。また研究課題として，本調査では家庭の教育的資産にしか焦点を当てていないが，今後は地域環境と学校環境，教員の研修を含めて，カンボジアの学校の教育制度が児童・生徒の進路意識にどのような影響を及ぼすかを広い視点から考えていく必要がある。

注
（1）独立行政法人国際協力機構（JICA）（2012）『カンボジア国産業人材育成プログラム準備調査ファイナル・レポート』p.99.
（2）下村英雄（2013）『成人キャリア発達とキャリアガイダンス：成人キャリア・コンサルティングの理論的・実践的・政策的基盤』労働政策研究・研修機構
（3）D. E. スーパー（1960）『職業生活の心理学—職業経歴と職業的発達—』日本職業指導学会訳，誠信書房，pp.94—108.
（4）前掲書，p.94.
（5）前掲書，p.108.
（6）R. J. ハヴィガースト（1995）『人間の発達課題と教育』荘司雅子監訳，玉川大学出版，

pp.44-77.

（ 7 ） 三輪哲，苫米地なつ帆（2011）『社会化と教育アスピレーション』東北大学大学院教育学研究科，第60集・第 1 号

（ 8 ） "Cambodia's Constitution of 1993 with Amendments through 1999"URL: https://www.constituteproject.org/constitution/Cambodia_1999.pdf

（ 9 ） Paola Massa, Ali Lane, & Kurt Bredenberg（2012）"Life Skills Practices in Cambodia: A Review of Implementation by NEP Members" p. 4

（10） 前掲書

（11） Asian Development Bank（2014）"Cambodia Country Poverty Analysis 2014" http://www.adb.org/sites/default/files/institutional-document/151706/cambodia-country-poverty-analysis-2014.pdf, 2015/10取得 , p.32.

（12） Khieng Sothy, Srinivasa Madhur and Chhem Rethy, eds.（2015）"Cambodia Education 2015: Emploment and Empowerment" Cambodia Development Resource Institute（CDRI）, p.14.

（13） National Institute of Statistics, Ministry of Planning, Cambodia.（2009）"General Population Census of Cambodia 2008, National Report on Final Census Results", p.37

（14） Davos-Klosters（2014）"Matching Skills and Labour Market Needs Building Social Partnerships for Better Skills and Better Jobs" World Economic Forum, p.11.

（15） （12）と同様。貧困率とは，World Bank の定義によれば全人口に占める貧困層の比率であり，貧困層とは，一日の一定金額（貧困線）以下で生活する人を指し，一日 1 ＄がよく用いられる。カンボジアにおける貧困率は，1 日に1.90＄以下での生活者の比率を示す（World Bank, 2011）。

（16） 塾・予備校とは，カンボジアの文脈では，国家試験のために受験勉強を行う学校。基本的に，学校教員が学校教育で担当する教科を学校以外の時間で教えている。国家試験とは，中学校 3 年と高校 3 年の修了時に，高校や大学への進学権利を得るための試験。

参考文献

Asian Development Bank, (2010), *Strengthening Technical and Vocational Education and Training ADB Grant 0178-CAM* (*SF*)

Asian Development Bank, (2014), *Cambodia Country Poverty Analysis 2014* http://www.adb.org/sites/default/files/institutional-document/151706/cambodia-country-poverty-analysis-2014.pdf, (2015年10月取得)

Cambodia's Constitution of 1993 with Amendments through 1999, https://www.constituteproject.org/constitution/Cambodia_1999.pdf, (2015年10月取得)

Council for the Development of Cambodia, CDC, Cambodian Investment Board, CIB & Cambodia Special Economic Zone Board, CSEZB, http://www.cambodiainvestment.gov.kh/kandal-province.html, (2015年10月取得)

D. E. スーパー, (1960), 『職業生活の心理学―職業経歴と職業的発達―』日本職業指導学会訳, 誠信書房

Japanese Statistics Bureau and Statistics Center, *Population Projections for Cambodia, 2008―2030*, http://www.stat.go.jp/info/meetings/cambodia/pdf/rp12_ch10.pdf, (2015年10月取得)

Kampuchean Action For Primary education (KAPE), (2014), *Empowering Youth in Cambodia Today : Youth Situation Analysis ― Education for Youth Empowerment Project* (*EYE*)

Khieng Sothy, Srinivasa Madhur and Chhem Rethy, eds., (2015), *Cambodia Education 2015: Employment and Empowerment" Cambodia Development Resource Institute* (*CDRI*)

MoEYS, (2004), *Policy For Curriculum Development 2005―2009*

Municipality and Province Investment Information, *Economic Census of Cambodia 2011, Provincial Report, 08 Kandal Province* http://www.cambodiainvestment.gov.kh/content/uploads/2014/03/Kandal-Province_eng.pdf, (2015年10月取得)

Paola Massa, Ali Lane, & Kurt Bredenberg, (2012), *Life Skills Practices in Cambodia: A Review of Implementation by NEP Members*

R. J. ハヴィガースト, (1995), 『人間の発達課題と教育』荘司雅子監訳, 玉川大学出版

United States Department of Labor, *Cambodia MODERATE ADVANCEMENT* https://www.dol.gov/ilab/reports/child-labor/findings/2013TDA/cambodia.pdf,

（2015年10月取得）

World Bank, (2011), *"Poverty & Equity* http://povertydata.worldbank.org/poverty/
country/KHM（2016年4月取得）

国立教育政策研究所, (2005), 『生涯にわたるキャリア発達の形成過程に関する総合
的研究報告書（別冊）―小・中・高校調査質問紙調査集計』研究代表者山田兼久,
国立教育政策研究所刊

三輪哲, 苫米地なつ帆, (2011), 『社会化と教育アスピレーション』東北大学大学院
教育学研究科, 第60集・第1号

下村英雄, (2013), 『成人キャリア発達とキャリアガイダンス：成人キャリア・コン
サルティングの理論的・実践的・政策的基盤』労働政策研究・研修機構

独立行政法人国際協力機構（JICA）, (2012), 『カンボジア国産業人材育成プログラ
ム準備調査ファイナル・レポート』

総務省統計局ホームページ http://www.stat.go.jp/info/meetings/cambodia/pdf/08
com_mp.pdf, （2015年10月取得）

第 3 章

カンボジアの前期中等教育における進路形成
～農村部（カンダル州）の初等教育レベルとの比較を中心に～

1　はじめに

　カンボジアの教育は，ポル・ポト政権の圧政後次第に改善の方向に向かっている。しかし，現在もなお，改善が必要とされる様々な課題が残る。

　教育省の "Education Strategic Plan 2014—2018"[注1]によれば，カンボジアは，2030年までに下位中所得国から上位中所得国に，2050年までに先進国になる目標を立てている。この目標達成のため，教育を重要な分野のひとつと位置づけ，近年新たな人材育成政策を続けて打ち出している。

　たとえば，2006年には，教育を日常生活と関連づけ，生徒のスキルを開発するために，Policy of Life Skills を導入した[注2]。この政策導入の目的は，学校で生活に根ざしたライフスキルを生徒が得るとともに，家庭の経済的支援にもつながることをねらいとしている。同時に，保護者にとっての学校教育の価値を高め，保護者が子どもたちを学校に通い続けさせるようにし，中退率を減らす効果をもねらいとしている。

　また，国は，Mismatching Skills という新たな課題に直面している。職業市場が要求する人材のスキルと人材養成過程で教えられるスキルの不一致である。この課題に対して，STEM を強化する方策が進められている。STEM とは，Science（科学），Technology（テクノロジー），Engineering（エンジニアリング），Math（数学）の4教科である。カンボジアでは現在，STEM の基礎

65

教育の段階からの計画的導入を図っている[注3]。

　さらに大きな課題は，小学校から中学校までの9年間の義務教育過程で，学年が上がるにつれて生じる進学率の低下である。カンボジアの教育史と教育をめぐる現状，特に初等教育の現状については，拙稿（コン，2015）で述べた。同論でも初等教育から中等教育への進学問題に少し触れたが，本章では特に前期中等教育（以下，中学校と表記）の進路形成の課題を実証的に論じる。

　職業についての心理的，社会的準備の形成がカンボジアではいつ頃行われるのか，という問題を探るためにも，中学校における進路形成がどのように行われているか，を把握し，同時に，子どもたちの進路形成に影響を与える要因は何か，を検討する必要がある。そこで，中学校3年生を対象に進路形成に関する質問紙調査を2015年に実施した。筆者は別稿で小学校6年生を対象にした進路形成に関する調査（2015）の分析を行った（コン，2016）。本章では，その小学校6年生の調査結果と比較し，分析する。その実証的研究から，中学生の進路形成の実態と課題を明らかにするとともに，中学生の進路形成に影響を及ぼす社会・文化的要因の分析と自己評価といった心理的要因の分析を試みる。調査の内容のうち，本章では，主に家庭の社会・文化的要因（父母の学歴・職業，家庭の文化的資産），生徒の勉強に対する自己評価や進学の判断基準，そして職業観と生徒の進学希望，将来の職業選択に焦点を当てる。

　本研究では，次の2つの仮説を設定して，比較検討する。

　1．親の職業・学歴が生徒の進路形成や将来の職業に対する価値観に影響する。

　2．家庭の文化的資産（自宅にある所有物であるパソコン，本の数，辞書など）が，生徒たちの進路形成や将来の職業に対する価値観に影響する。

　家庭の教育的影響についてはその経済的背景についても調べる必要があるが，学校を通じた調査のため家庭の収入を直接尋ねる質問の導入が困難であった。そこで，家庭の所有物や親の職業・学歴についての質問で経済状況を代替するものとした。

　本章は，次の構成をとる。まず，カンボジアの教育制度と教育省などの統計

の考察から，中学校レベルの教育的現状を把握する。続いて実証的研究により，家庭の社会的・文化的要因である親の学歴や職業及び自宅の文化的資産，そして生徒の進路形成についての意識や職業観を調査結果から明らかにする。さらに，小学生と中学生の調査結果の比較分析から，小学校から中学校にかけてどのように進路形成の意識が変化するかを検討する。最後に，家庭の社会的・文化的要因と生徒の自己評価が中学校の進路形成や職業観の形成にどのような影響を及ぼすかについての要因分析を行う。

2　キャリア教育の視点

　児童期の進路選択に関する発達の理論的枠組みについては，第2章で詳述した。

　スーパーの発達段階においては，次のような年齢段階でそのステージが仮定されていた。

- 　ステージ1（成長期，0―14歳）：このステージは，個々の態度，自我概念の成長期と呼ばれる。これ以後，自我概念の発達が職業生活にとって重要となる。
- 　ステージ2（探索期，15―24歳）：学校，地域，様々な場面での経験を通して一時的選択を行い，スキルを確立していく。

　初等教育から，中等教育段階にかけては，上記のうち，ステージ1からステージ2への発達段階の相違が生まれてくることになる。すなわち，個々の自我概念の発達に加えて，学校や地域，様々な場面の経験が重要となり，地域への関わりの中で，家庭と離れて，キャリアを形成していく可能性があるというわけである。

　カンボジアの教育カリキュラムの中で，こうした役割を担うのがライフスキル・プログラムであろう。

　ライフスキル教育の内容や方法は，既述したように，コミュニティーの課題

や各学校が有する資源（教員・教材など）によって異なる。ライフスキル教育は，生涯にわたる収入に貢献できる重要な教育だとみられている。ところが，ライフスキル教育を実践している学校の数は限られており，課外活動として位置づけられているのが現状とみられ，それほど多くの学校では実践されていない状況にある。

　もし，初等教育から，前期中等教育へのキャリア発達の可能性を考えるなら，地域への参加や地域で必要とされるスキルを身につけられるよう地域ライフスキル教育こそが重要と考えられる。しかし，教育の現場では，教員自身がそうしたライフスキル教育の意義が認識されていないだけではなく，そのための資源や教材，スタッフ自体が不足しているのである。

　もうひとつの問題は，こうしたライフスキル教育が，カンボジアの地域のニーズから重視され，また政府自体が中学生にとっての意義を提唱しているにもかかわらず，実際の中学生自身にとっては，後述する国家試験に合格することの方が重要であり，進学のための補習授業の学習に関心が向けられていることである。

3　カンボジアにおける前期中等教育の現状と進路形成の課題

（1）前期中等教育の定義と制度

①前期中等教育の定義

　カンボジアにおける前期中等教育（Lower Secondary Education，以下「中学校」とする）は，6年間の小学校を修了後，第7学年（12歳）から第9学年（14歳）に至るまでの課程として制度化されている(注4)。中学校課程の3年間は基礎教育の課程に分類され，小学校6年間と中学校3年間，合計9年間の義務教育となる。

　カンボジアの中学校における進路の問題を捉える上で重要な制度上の特徴のひとつが，中学校修了時に行われる国家試験である。

②前期中等教育修了のための国家試験

　中学校3年間の最後に，全ての生徒は国家試験を受ける義務がある。合格した生徒が，基礎教育卒業証明書（Basic Education Diploma）を授与され，高校1年に進学する権利を得る。ただし，高校への進学希望を持たない生徒は，基礎教育卒業証明書を利用し，職業訓練校に進学する権利を得る。職業訓練校に進学する際にも，高校進学の場合と同様，基礎教育卒業証明書が必要となるからである。

　国家試験の受験内容と日程，受験校は，教育省及び州レベルで決められている。試験教科は，体育とライフスキルを除く全教科となっている。受験日は，国全体で同じ日程で行われている。また，試験の質を高めるため，生徒たちは名字順に整理され，受験校の配分が決められている(注5)。

③職業訓練（Technical Vocational Education and Training, TVET）

　途中退学者を減らすためには，生徒への動機付けが重要な課題となる。そのひとつの方策として，生徒たちにより多くの進路の選択肢を与えるような教育システムが導入されている。中学校を修了後，生徒たちには2つの選択肢が提供される。ひとつは，そのまま後期中等学校へ進学するルートであり，もうひとつが労働職業訓練省（Ministry of Labor and Vocational Training, MoLVT）によって提供される職業訓練プログラムへの進学ルートである。

　このルートは，後期中等教育の修了後も大学へ進学するか，職業訓練校に入学するかという2つの選択肢を提供している。職業訓練校が提供する教育課程によって，1年〜3年かかるものがある。

　カンボジア政府は，技術・職業訓練プログラムが労働市場（labor market）に強固な影響をもたらすだろうというねらいをもっている。訓練を受けた労働者が，将来性ある人材となり，国の安定性，経済成長，貧困削減への貢献を果たすというわけである。

　TVETプログラムの主な目的は，有給雇用に向け，①職業関連知識，②実用的な技術・スキルの訓練機会を提供することにある。しかし，TVETプログラムは，学士号とは異なり，あまり高い評価を得られていない。そこで，国

第3章　カンボジアの前期中等教育における進路形成　　*69*

は，その質の保証と雇用機会の拡大を目的として，キャリア情報システム（Career Information System）や TVET 情報管理システム（TVET Management Information System）を設立した。以上のシステムにより，訓練と学習の質を保証し，国家訓練と資格枠組みの認識の普及を目指したのである[注6]。

　カンボジアの職業訓練は，幼い時期に焦点を当てるよりは，青年層や成人層に焦点を絞っている。特に，学校の中退生たちや，仕事ができる年齢者に焦点を当てている。

　小学校，中学校では LLS プログラムがカリキュラムに導入されているが，このライフスキル教育での課題は2つある。第1の課題は，全国の学校への導入が十分になされていないことで，国の予算が対応できないことがそのひとつの理由でもある。第2の課題は，ライフスキル教育の要求に対応できるだけの十分なスキルを持った教員の不足である。

　職業スキルの教育という点からみると，国立雇用機関（National Employment Agency, 以下 NEA）の2013年の統計によれば，カンボジアでは未だに多くの職業において専門的スキルが不足している。不足しているスキルには，次のようなものがある。

　技術的・実用的能力（45.3％），職業別の特殊技術（43.0％），外国語能力（40.1％），口頭によるコミュニケーション能力（29.1％），基礎コンピュータ操作能力（24.2％），問題解決能力（23.8％），チームワーク能力（23.3％），顧客対応能力（22.1％），文書による通信能力（18％），事務的能力（13.4％），計画立案の能力（12.8％），戦略的経営能力（8.7％），上級コンピュータ能力・ソフトウェア技術能力（8.7％），統計・計算能力（7.6％），読み書き能力（7.0％）である[注7]。

　TVET プログラムは，主要な様々な技術・職業を中心とし，総計できるほとんどの学習と職業的発達を含んでいる。また，職業のための学校や大学といった正規の学校教育の制度を持ち，正規の技術・職業教育も提供している。同プログラムには，若者でもできるレンガ積みのような単純作業から，高度な技術的スキルや，マネジメントのような管理職の仕事まで多様なスキルアップ

の内容が含まれている。

（2）前期中等教育の目標

　教育省が発表した "Education Sector Support Program 2006—2010" によれば，前期中等教育の目標は，次のように記されている。

　「前期中等教育の目標は，就学年齢の子どもたちの全てが学校に通えるようにすること，共に第7—9学年に在学中の多くの生徒たちが後期中等教育へ進学するよう，質および効果を向上することである[注8]」

　以上の目標を実現するため，教育省は様々な戦略に取り組んでいる。

　たとえば，学校教育で使用する教科書は，教育省が作成し，全国の学校に無料で提供しているが，配布数が限られているため，生徒全員への配布ができない状況にある。そのため，教科書の無償提供は，経済面で困っている生徒を対象にして優先的に行われている。

　さらに，教育省は，Priority Action Plan 12（以下，PAP12と略称する）と呼ばれるプログラムも実施している。PAP12とは，経済的に困る子どもたち，特に女子を中心とした子どもたちが，教育を受けられる奨励プログラムである。対象者は，第7—9学年の中学生である。PAP12プログラムは，新しい施設に十分な設備，有能な教員を確保できるよう，学校の施設・設備や，教員配備，研修の改善に繋がっている。加えて，費用の問題を解決するために，次の3つの戦略がとられている。

　1．第9学年の国家試験制度を強化すること。

　2．指導法と学習の質の向上を目的として，最低基準の生徒評価を導入すること。

　3．学校パフォーマンスの監視とレポート制度の導入によって，学校の透明性や責任を高めること[注9]。

第3章 カンボジアの前期中等教育における進路形成　　71

（3）前期中等教育のカリキュラム

①カリキュラムの目的

　教育省の2005年のカリキュラム改善政策によれば，中学校における基礎教育カリキュラムの目的は，「生徒に，幅広い知識とスキルとしての国語，数学，科学，社会学，ライフスキルといった教科とともに，各教科を通しての学びスキル（Learning Skills）やライフスキル，職業教育，道徳教育と，自己発達に貢献できる知識を提供する」ことにある。同時に，「これらの知識を身につけて，個々の生徒が生産者に成長し，カンボジアの社会を発展させるために必要な人材になる」ことが期待されている。同カリキュラムでは，生徒の学習がその後の高等教育や，職業訓練校，生涯学習につながるような内容が設定されている(注10)。

②カリキュラムの内容

　2005年のカリキュラム改善政策は，中学校レベルから各教科の1コマを50分に増やし（初等教育レベルでは1コマ40分），外国語の授業を必須教科として導入した。

　次の表（3.1）は，1週間単位の国家カリキュラムをまとめたものである。1コマ（レッスン）は50分の授業時間であり，以下の表に示した7つの教科を合計32—35レッスン程度で行うことを目標としている。

表3.1：国家カリキュラム

教科	コマ回数（一週間分）
国語（クメール語）	6
数学	6
社会学	6
科学	6
外国語（英語）	4
身体・健康教育とスポーツ	2
小計	30
LLSP（美術教育を含む）	2—5
合計	32—35

出典：教育省（Policy for Curriculum Development）

（4）統計に見る前期中等教育の現状

　教育省が発表した "Education Statistics & Indicators 2014—2015" は，公立学校（幼稚園から後期中等教育に至るまで）についての基本情報を提供している。全国と州別の学校数，教員数，生徒

数などについては，以下のような状況にある。

　1）学校数：全国の中学校は1981—82年度には96校であったが，1991—92年度には407校，2001—02年度には379校，2011—12年度には1196校まで増加した。学校を増加した理由は，多くの児童への中学校の就学機会の保障にある。特に，遠隔地域に暮らす子どもたちにとっては学校との距離が重要で，学校が近くにあることが生徒の就学機会を保障する上で極めて重要となる。なぜなら，カンボジアでは電車やバスのような公共交通機関が整備されておらず，生徒たちの大部分は，徒歩で通学せざるを得ないからである[注11]。

　2）教員数と生徒数：（図3.1）全国の教員数は1981—82年度に1,586名だったが，1991—92年度14,668名，2001—02年度19,650名，2011—12年度31,698名となった。教員数は年々増加している。

　以上の教員数に対し，1981—82年度の生徒数は教員数の約25倍（39,515人）におよび，1991—92年度183,025人（教員数の約12倍），2001—02年度351,635人（教員数の約18倍），2011—12年度541,147人（教員数の約17倍）となっている。

　以上の統計から，内戦終了後から現在に至るまで，学校数や，教員数・生徒

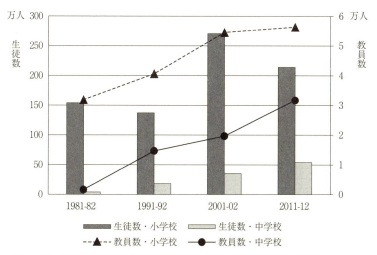

図3.1：カンボジア全国の生徒数と教員数の変化（出典：MoEYS, 2011—2015）

第3章　カンボジアの前期中等教育における進路形成　　73

数が年々増加していることがわかる。特に，近年では学校数の増加とともに，教員数も増加しつつある。しかし，生徒数に比べ，教員数は現在もなお少なく，早急な人材の量的補充と質の向上が重要な課題となっている。

　世界のNGOや教職員組合が運営する市民活動団体，"Global Campaign for Education" が発表した "Closing The Trained Teacher Gap" レポートでは，教員一人当たりの生徒数が取り上げられている。教員一人当たり41—100人の生徒数を持つ18カ国に，カンボジアも含まれている。カンボジアの近隣国であるタイとベトナムは，「一人の教員に対し21—40人の生徒を持つ国々」にランキングされた[注12]。カンボジアは，近隣国と比べても非常に大きな格差が未だに残っている。今後，教員一人あたりの生徒数をどのように減らし，小規模学級を実現していくかが，カンボジアの課題となっている。

（5）生徒の修了率と進学率の統計

　表3.2は，2010年から2015年に至るカンボジア全国とカンダル州における小・中・高校の修了率を示している（なお，表中に修了率が100％を超えている箇所もあるが，これは留年生や飛び級生を含むためである）。カンボジア全国でもカンダル州でも，学校段階が高くなるにつれ修了率が低くなっている。2014—2015年の修了率を見てみると，小学校では84.1％だが，中学校で40.3％までに減少，高校では20.0％しか修了していない。修了率の経年変化をみても，大きな変化はみられない。ただし，高校の修了率が2013—2014年に減少している。その原因は，教育省が国家試験の改善を実施し，不正行為のないように，試験中に厳しい対策を行ったことにあると考えられるが，この点については後期中等教育の分析で触れることにしたい[注13]。就学率や途中退学率の改善が進む中，修了率は未だ大きな課題である。学年が高くなるにつれてみられる修了率の低下に関しては，多様な原因が指摘されている。たとえば，No Fata (2012) は，途中退学について，次の3つの原因を指摘している。第1は，個人の原因（就学の遅れた生徒や留年生ほど途中退学率が高い），第2に，家族の原因（低学歴の親ほど子どもの進学率が低い）であり，第3が，学校の原因

74

表3.2：2010—2015年のカンダル州とカンボジア全国の小・中・高校の修了率

年	地域	修了率（％）								
		小学校 （第1—6年）			中学校 （第7—9年）			高校 （第10—12年）		
		合計	女	男	合計	女	男	合計	女	男
2010—2011	カンダル州	95.2	93.1	97.2	59.7	58.1	61.2	40.9	36.7	44.8
	カンボジア	85.3	85.0	85.6	46.8	44.3	49.2	28.5	25.2	31.6
2011—2012	カンダル州	96.2	94.2	98.0	50.7	50.0	51.4	36.6	35.0	38.1
	カンボジア	89.7	89.9	89.6	42.1	41.6	42.6	27.8	26.1	29.5
2012—2013	カンダル州	100.3	92.3	108.4	51.3	46.8	56.2	32.5	31.4	33.6
	カンボジア	87.4	87.8	86.9	40.6	40.4	42.2	27.0	25.3	28.7
2013—2014	カンダル州	98.2	97.3	99.1	45.4	45.6	45.2	27.3	27.1	27.5
	カンボジア	88.9	90.2	87.8	39.1	40.0	38.2	22.7	22.1	23.3
2014—2015	カンダル州	88.4	90.6	86.2	44.8	46.1	43.5	23.8	23.8	23.9
	カンボジア	84.1	86.6	81.8	40.3	41.8	38.9	20.0	20.1	20.0

出典：MoEYS, 2011—2015

表3.3：カンダル州とカンボジア全国の小・中・高校の進学率・留年率・途中退学率
　　　（2010—15年）（％）

年	地域	小学校（第6年）			中学校（第9年）			高校（第12年）		
		進学率	留年率	途中退学率	進学率	留年率	途中退学率	進学率	留年率	途中退学率
2010—2011	カンダル州	95.2	1.4	3.5	76.7	2.7	20.7	83.8	2.2	14.0
	カンボジア	88.2	2.1	9.7	75.1	3.7	21.2	80.4	4.5	15.1
2011—2012	カンダル州	91.1	4.6	4.4	80.5	1.5	18.0	83.6	1.7	14.7
	カンボジア	85.9	5.8	8.3	76.5	1.8	21.7	84.1	2.2	13.7
2012—2013	カンダル州	94.6	1.0	4.4	80.6	1.9	17.5	82.2	4.5	13.3
	カンボジア	88.6	1.5	9.9	75.9	2.8	21.3	81.7	3.5	14.8
2013—2014	カンダル州	89.2	1.1	9.7	75.5	1.8	22.7	82.3	2.9	14.8
	カンボジア	86.8	1.5	11.7	73.8	2.7	23.4	81.9	3.2	14.8
2014—2015	カンダル州	93.8	1.5	4.7	77.0	2.2	20.8	31.7	12.0	56.3
	カンボジア	89.6	1.6	8.8	75.7	2.7	21.6	34.4	10.4	55.2

出典：MoEYS, 2011—2015

（教員の質や通学距離の問題）である。

表3.3は，2010年から2015年に至るカンボジア全国とカンダル州の小・中・高の進学率，留年率，途中退学率を示している。

進学率の増加にもかかわらず，途中退学率がまだ高く，途中退学の割合をいかに低くおさえるかが，各学校段階の課題となっている。特に，中学校3年時に，途中退学率が非常に高くなっている。退学率の平均を計算し，小学校6年生と比べると中学校の3年では11.9％も高くなっている。

（6）進路形成の課題

カンボジアは，東南アジアの中で，若い人口の多い国と言われている。国家統計機関（National Institute of Statistics）の推測によれば，2008年までで30歳未満の人口が65％にのぼる。しかし，国全体の若者の人口の34％しか中学校に就学していない（USAID, 2016）。わずか6％しか職業訓練校に就学していないという状況であった。

ポル・ポト政権崩壊後の1979年以降，教育システムの回復に向けて，国が全力をあげて努力した。カンボジアの教育制度が改善され，"Vocational Orientation Education"（職業志向の教育）と呼ばれる政策も導入された（MoEYs, 2013）。若者の労働は，国の経済成長に貢献する大きな原動力だと考えられたからである。

しかし，現在多くの生徒や大学生を悩ませるのは，卒業後の就職問題である。カンボジアでは農業以外の産業が未だ発展せず，労働市場が小さく，就業先が限られている現状だからである。また，労働者のスキルと職業市場のニーズの不一致という問題もある。スキルとニーズの不一致率は，労働者の56％にも上っている（World Economic Forum, 2014）。高学歴で，十分なスキルをもった有能な人材を効率的に利用するためにも，効果的な人材育成計画と産業の振興が必要とされる。

国全体の人材育成計画という視点に立ったとき，生徒たちが早い時期から関心のある職業について知るとともに，そのためにはどのような知識・スキルを

学校で学ぶべきかを認識できるようなキャリア教育が必要となる。そうしたキャリア教育の学校教育カリキュラムへの導入を検討するべきではないだろうか。生徒たちの才能にあった職業，スキルに教育の焦点を当てることは，カンボジアの専門的な人材を育て，優秀な労働力を確保する上で重要な課題である。そのためにも，進路形成に関する教育研究がきわめて重要となる。

4 前期中等教育における進路形成に関する調査の概要

（1）調査概要

　本書では，卒業後の進学や進路を考える中学3年生を対象にし，進路形成に関する質問紙調査を行った。生徒たち個々のアスピレーションに影響を与えると考えられる3つの要因を主にして，進路や進学の要因分析を行った。その3つの要因とは，(1)家庭の文化的背景，(2)生徒の自己評価，(3)進学の判断基準である。この3つの要因が，生徒自身の①進学希望，②将来就きたい職業や職業観にどのような影響を持つか，カンボジアの農村地域の中学校から得られたデータをもとに分析する。

（2）調査期間

　調査は，2015年7月30日—同年8月10日にかけて行った。

（3）調査地域と対象校

　調査対象地域は，都会のプノンペンからおよそ80km離れたカンダル州である。カンダル州は，カンボジアの南部にあり，11郡で構成されている。カンダル州11郡のうち，対象とした地域は，Kien Svay郡のChhe Tealコミューンである。州全体の面積は，3,211平方メートルである。2015年の州人口は144万人であり，その内，女性の割合は51％である。世帯数は，238,435であり，一世帯当たりの平均人数は4.7人となっている。カンボジアは，全国の産業人口

において農業人口が高い比率（7割以上）を占めている。カンボジア全体の動向を推測する上で，農業地域であるカンダル州を対象とした本調査には，一定の価値があると考えた。

　調査時期は学校の夏休み開始前にあたり，中学生の欠席率が高まっていたため，調査実数確保のため，カンダル州に所属する4校を無作為に選び，訪問して実施した。

（4）調査方法

　国立教育政策研究所が2005年に発表した「生涯にわたるキャリア発達の形成過程に関する総合的研究」を理論モデルとし，カンボジアの現状に合わせ，「カンボジアの前期中等教育における進路形成に関する調査」と題する質問紙を作成した。カンダル州教育局（Department of Education, Youth and Sports, Kandal Province）に調査の許可を得て，学校を訪問した。調査にあたっては，直接教室で生徒に質問紙を配布し，記入後に回収するという手順で実施した。記入時間は30—40分程度であった。

（5）調査内容

　調査内容は，主に5つのカテゴリーから構成された。

　カテゴリー(1)：家庭の文化的背景

　　　　　a） 親の職業

　　　　　b） 親の学歴（最後に卒業した教育）

　　　　　c） 教育資本としての所有物の有無状況（パソコン，辞書，参考書，テレビ，など）。

　カテゴリー(2)：ICTの利用状況

　　　　　パソコンの利用経験があるか否か，利用期間，利用場所。

　カテゴリー(3)：進学希望と留学希望

　　　　　a） どの教育段階まで進学希望を持っていますか？

　　　　　b） 海外留学をしたいですか？

カテゴリー(4)：将来就きたい職業の有無と職業観

  a） 将来就きたい職業がありますか？

  b） 就きたい職業はなんですか？

  c） 将来何のために仕事をすると思いますか？

カテゴリー(5)：(学習に対する）自己評価

  a） 好きな活動は何ですか？（複数回答）

  b） 得意な教科と不得意な教科を教えてください（複数回答）

（6）調査結果

　調査の結果，中学生276名の回答を得た。以下，上記の質問カテゴリーについて，主な調査結果について示し，カンボジアの中学生の特徴とその後の分析に必要な結果を示す。

　基本的属性（性別と年齢）：調査時期は，学校休みの開始時期の直前であったため，学校に通っていない生徒がいた。そのため，質問紙は，各校の３年生の出席者全員に配布した。その結果，女子生徒の割合が男子生徒の割合より高くなった。回答者の内，62％が女子生徒，38％が男子生徒である。

　中学校３年生の年齢は，13歳から18歳までで構成されている。年齢構成が多様な背景には日本と異なり，入学の遅れ，留年，飛び級という原因が存在するからである。15歳の割合が最も高く，全体の57.6％を占め，13—14歳が27.5％，16—18歳が15％である。

カテゴリー(1)：家庭の文化的背景

a）親の職業

　調査回答者の中学３年生には，父親も母親もその職業を農家とするものが多い（父親63.8％，母親40.2％）。農家以外の父親の職業を割合の高い順に並べれば，公務員（13.0％）が２位となり，労働者（5.8％），自営業（5.8％），会社員（1.8％），専門家（1.1％），その他（8.7％）となる。会社員と専門家は非常に少ない。

一方，母親の職業で最も高い割合を占めたのが専業主婦（41.7％）で，農家（40.2％）は2位である。農家以外を比率の高い順に並べると，自営業（12.3％），公務員（2.5％），労働者（1.4％），会社員（0％），専門家（0％），その他（1.8％）となっている。

　対象者の親の職業の代表性を検討するために，ここではカンボジア国民の職業構成を示す。計画省（Ministry of Planning, 2015）によれば，カンボジア国民の職業は主に3種に分類されている。(1)農業，(2)工業，(3)サービスである[注14]。この分類に従い，親の職業を表3.4に示した。農村部では56.9％が農業を主たる職業としており，この割合は，本調査対象者のそれよりも若干低く，サービス職と工業従事者の割合が高い。

表3.4：産業分類別にみた15—64歳の職業の割合（単位：％）

職業	国全体（2014）			都会 （プノンペン）	プノンペン 以外の都会部	農村部
	男性	女性	計	計	計	計
農業	43.9	46.7	45.3	2.5	17.0	56.9
工業	24.5	24.1	24.3	28.2	25.4	23.5
サービス	31.5	29.2	30.4	69.3	57.6	19.6
合計	100	100	100	100	100	100

出典：Ministry of Planning, 2015

ｂ）親の学歴

　父親の学歴は小学校未満が31.9％，中学校卒が26.4％，高校とその他（短期校・短期大学を含む）が30.8％，大学以上が10.9％である。一方母親の学歴は，小学校未満が48.9％，中学校卒が23.6％，高校とその他が25.7％，大学以上が1.8％である。父親の学歴は母親の学歴より少し高い。多くの父親，母親ともに，基礎的な段階の教育しか受けていないという現状にある。

ｃ）教育的資産

　生徒の学習に影響を及ぼす文化的資産として，自宅にある教育関連の道具や蔵書冊数をたずねた。

　教育関連の道具：「自宅に次のようなものがありますか」と尋ねた結果，そ

の所有率を高い順にみると，テレビ（92.4％），参考書（76.7％），個人電卓（54.9％），勉強机（52.9％），辞書（52.7％），個人携帯（44.4％），個人部屋（37.3％），文学作品（22.0％），パソコン（17.0％），ネット回線（12.7％）の順になる。ほとんどの家庭にテレビはあるが，ICT学習に必要なパソコンやインターネット回線を所有している生徒は少ない。

蔵書冊数：「自宅に何冊ぐらいの本がありますか」という問いで，自宅の蔵書冊数について尋ねた。家庭の蔵書冊数は，家庭の知的環境を意味し，親の識字率を反映するとともに，生徒の学習希望や学習力に影響する。調査の結果，「100冊以下」の本を持つ割合は81.2％，「100冊以上」の割合は18.8％である。自宅の蔵書冊数と父親の学歴との関係をみると，学歴の高い父親の家庭ほど，蔵書冊数が多い。「100冊以上」の蔵書冊数を持つ家庭の割合についてみると，父親の学歴が高校以上の家庭で63.5％と高いのに対し，中学校未満の学歴の家庭では36.5％と低い（$x^2 = 213$, p < .05）。

カテゴリー(2)：ICTの利用状況

ICTの「利用経験がある」と回答した生徒が，わずか30.1％に留まる。利用経験があると回答した中でも，「1年未満」が72.3％，「3年未満」が24.1％，「3年以上」が3.6％であり，中学生のICT経験は少ない。続いて，どんなソフトウェアを利用できるかを複数回答で尋ねた。その結果は，「MS Word」の利用率が78.2％，「MS Excel」が55.1％，「MS Powerpoint」が47.4％，「インターネット検索」が64.1％，「マルチメディア作業」が42.3％，「ホームページ作り」が34.6％，「チャット」が78.2％である。インターネット作業の中では，チャットが最も多く，その次がインターネット検索とホームページ作りという順になっている。

カテゴリー(3)：進学希望と留学希望

a）進学希望

「どの教育段階まで進学したいですか」との問いに対し，30.8％が大学，22.1％が大学院，17.8％が高校，16.7％が短期校・短期大学まで，進学したいと回答した。「わからない」と回答した比率が12.7％である。50％以上の中学

生が大学や大学院の高等教育を望んでいる。短期校・短期大学を含むと，7割弱の中学生が高等教育への進学を希望している。その一方で，「わからない」との回答者が未だ12.7％存在している。

b）留学希望

「将来，留学をしたいと思いますか」との問いに対し，77.2％が「留学したい」と回答した。男女ともに70％を超えて高い比率だが，女子生徒の割合が若干高い（女子78.2％，男子75.5％）。また，希望の留学先に対する回答には多様性がみられ，13カ国の国名があげられた。最も高い比率の留学希望国はアメリカ（32.9％），第2位がフランス（16.9％），第3位がオーストラリア（14.6％），第4位が日本（13.1％），シンガポール（10.8％），韓国，イギリス，タイ，スイスが5％以下，香港とニュージーランドが最も低い比率でそれぞれ1％未満と続いている。

カテゴリー(4)：将来就きたい職業の有無と職業に対する価値観

a）将来就きたい職業の有無

回答者の96％は，将来就きたい職業が「ある」と回答した。この結果は，生徒たちが職業について真剣に考えていることを表している。

b）就きたい職業の種類

将来就きたい職業があると回答した生徒に，就きたい職業について尋ねた結果が，図3.2である。「教師」という職業に就きたい生徒が25.4％であり，最も高い値を示した。希望の職業を高い順に続いて並べると，「医者」17.4％，「会社員」13.6％，「銀行員」10.6％，「IT関係」7.2％，「公務員」6.8％，「建築関係」2.7％，「看護師」2.7％，「作家」が2.3％である。また「その他」の職業は11.4％あり，その内訳はテーラー，ファッションデザイナー，ウエディングプランナー，アーティスト，歌手，サッカー選手，獣医，政治家，エンジニア，客室乗務員，弁護士，ガイドなどである。

性別の差異をみると，男子より女子の比率が高い職業は，教師（女子30.3％，男子17.2％），銀行員（女子11.5％，男子9.1％）である。女子より男子の比率が高い職業は，「医者」（男子23.2％，女子13.9％）「IT関係」（男子9.1％，女

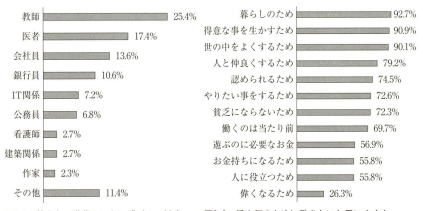

図3.2：就きたい職業ランキング（N＝264）　　図3.3：将来何のために働きたいと思いますか
（N＝276，複数回答）

子6.1%)，「建築」（男子4.0%，女子1.8%)，「作家」（男子3.0%，女子1.8%)
である。一方，「看護師」の職業に就きたい男子はいない（男子0.0%，女子
4.2%)。

c) 将来何のために働きたいですか？（職業観）

　この問いは，職業に対する価値観を知るために尋ねたものである。90%以上の生徒が，「暮らしのため」「得意な事を生かすため」と「世の中をよくするため」と回答した。70%以上が，「人と仲良くするため」「認められるため」「やりたい事をするため」「貧乏にならないため」と回答した。「働くのは当たり前」が70%弱となった。また，50%以上が，「遊ぶのに必要なお金」を得るため，「人に役立つため」と「お金持ちになるため」である。そして，最も低いのが「偉くなるため」（26.3%)である（図3.3）。

カテゴリー(5)：（学習に対する）自己評価

　生徒自身が自分をどう考えているか，生徒自身の自己理解の質問として，本調査ではいくつかの質問項目を設けた。そのうち好きな活動（図3.4，複数回答），と教科のうちでの得意，不得意について尋ねた（図3.5，複数回答）。特に，後者については学習に対する自己評価として考察する。

a）好きな活動

普段の生活で中学生が行いたいことを尋ねた結果では，100%近くの生徒が「読書をする」のが好きと回答した。80%以上が「計算問題を解く」，70%が「スポーツをする」のが好きと回答した。以下，回答率の高い順位に並べると，「人の世話をする」「意見を述べる」「歌う」「図書館で調べる」「テレビゲームをやる」「作文を書く」（いずれも60%以上）となる。「料理をする」「パソコンを使う」「人と話す」「絵を描く」「人を笑わせる」が，50%以上である。50%未満の項目は，「楽器を演奏する」「動物の世話をする」「踊る」「観察・実験をする」であった。最も低い項目は「工作をする」（28%）であった。

性別にみると，各選択肢ともに男子の比率が比較的高い。例えば，「スポーツをする」（男子80.2%，女子65.1%）。「作文を書く」（男子63.2%，女子58.0%），「図書館で調べる」（男子64.2%，女子59.2%），「テレビゲームをやる」（男子65.1%，女子58.0%）となっている。

b）得意な教科と不得意な教科

中学3年生が最も得意と回答したのは，「国語（クメール語）」の教科である（48.7%）。30%以上の生徒が，「英語」「公民」「地学」「歴史」「化学」を得意と答えた。一方，30%未満は，「地理」「物理」「数学」と「生物」であった。

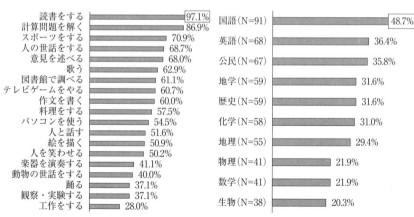

図3.4：中学校段階の好きな活動　　　　　図3.5：中学校段階の得意な教科
　　　（N＝275，複数回答）　　　　　　　　　（N＝187，複数回答）

性別にみた結果では，得意な教科が男女で異なる。女子生徒の得意な教科は，国語，公民，英語，地理であり，いずれも30%以上の比率であった。他方，男子生徒の得意な教科は，化学，数学，物理であった。

　上述の調査結果から，本章では，特に進路形成に影響する要因として，独立要因（家庭の文化的背景，自己評価，進学の判断基準）と従属要因（進学希望，就きたい職業）の2つの要因群を中心にその結果の分析を行う。

5　初等教育の調査結果との比較分析

　以上の5つのカテゴリーについて，さらに小学生調査の結果との比較から，中学生の進路形成の要因の特徴を考察した。

（1）家庭の文化的背景の比較

a）親の職業と学歴

　カンダル州では，小学校でも中学校でも母親・父親の職業は「農家」が中心となっている（図3.6，図3.8）。「専業主婦」の母親の割合は，小学生より中学生のほうが高い。

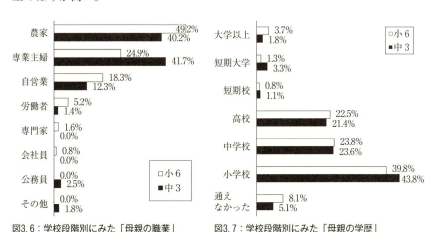

図3.6：学校段階別にみた「母親の職業」　　図3.7：学校段階別にみた「母親の学歴」

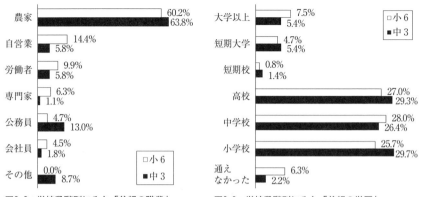

図3.8：学校段階別にみた「父親の職業」　　図3.9：学校段階別にみた「父親の学歴」

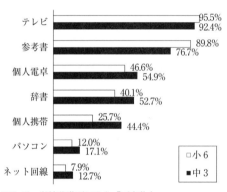

図3.10：学校段階別にみた「所有物」

公務員の親は，中学生の家庭が小学生の家庭より高い割合を示している。しかし，専門的職業を持つ親の比率は，小学生の父親も母親も，中学生より高くなっている。また，母親の学歴は，小学生の母親のほうが多少高い。大学以上（大学院を含む）の卒業者の比率は，小学生の母親が3.7％に対して中学生の母親はわずか1.8％となっている（図3.7）。この原因としては，若い世代ほど，学歴の高度化が女性では進んでいるためと推測できる。一方，父親の学歴をみると，小・中学生の父親ともに特に大きな差異がみられず，ほぼ同じ比率であった（図3.9）。

b）**教育的資産**

家庭の教育的資産として，自宅の所有物の割合をみると（図3.10），中学生のほうが小学生より「個人携帯」「辞書」「パソコン」を持つ割合が高く，「参考書」の割合は中学生が小学生より低い（13.1％差）。自宅の蔵書冊数では，「100冊以上」の本を持つ中学生（18.8％）の比率が小学生（10.7％）より高い。

一方，「100冊以下」の割合は，小学生の89.3％に対して，中学生が81.2％となっている。つまり，中学校の家庭のほうが小学校に比べて，蔵書冊数の多い家庭の割合が高い。「参考書」と「テレビ」を除けば，家庭の教育的資産の所有は，中学生の方が高い傾向にあることがわかる。

（2）ICT の利用状況の比較

パソコンの利用経験についての質問に対し，「ある」と回答した中学生（30.1％）の割合は小学生（24.1％）のそれより高い。利用経験の有無は，自宅にパソコンがあるかないかによって利用状況が異なると考えられる。そこで教育的資産で取り上げた「自宅にあるパソコン」の割合をみると，中学生が17.1％であるのに対し，小学生は12％しか所有していない。

（3）進学希望と留学希望の比較

a）進学希望の比較

進学希望の選択肢を「高校まで」「短期校・短期大学」「大学以上」と「わからない」4つの類別に分けて，小・中学生を比較したのが表3.5である。

表3.5：小・中学生の進学希望（％）

	高校まで	短期校・短期大学	大学以上	わからない
小6	26.4	10.2	61.3	2.1
中3	18.0	16.9	53.7	11.4

表3.5に示したように，「高校まで」の回答率は小学生が高い。高等教育（短期校・短期大学，大学以上）の希望は小学生71.5％，中学生70.6％とほぼ同じ比率となっている。ところが，小学生と比較して，「わからない」と回答した中学生の比率が高く（小学生2.1％，中学生11.4％），進学希望を不明とするものの比率が増えている。

b）留学希望の比較

選択肢の拡がりを示すもうひとつのデータは，「留学したい」という回答率の増加である。すなわち，小学生の69.6％に対して，中学生は77.2％が留学を

希望している。ただし，ここでもまた，同時に自分の進路が明白に決まらない中学生の割合が小学生よりも若干高くなっている（「わからない」と回答した中学生12.0％に対し，小学生9.4％）。

（4）就きたい職業と職業観の比較

a）就きたい職業

　就きたい職業の有無についての回答率は，中学生が高い（小学生86.1％；中学生95.7％）。「わからない」の回答は小学生に多い（小学生11.0％；中学生2.2％）。自分の就きたい職業について，小学生より明確な認識と理解が進んでいる。進学希望とは異なり，中学生が真剣に職業の選択を考える時期にあるためと推測できる。

　最も就きたい職業のランキング（上から3位まで）を性別にみた結果では，学年と性別によって，就きたい職業に相違がみられる（表3.6）。男子の場合，「医者」と「教師」になりたい中学生が多いが，「会社員」に就きたい中学生は減少している。女子の場合，「教師」の比率が増加する一方，「医者」と「会社員」になりたい生徒が減少している。男子は「医者」，女子は「教師」を志望する割合が小学生より高い。

表3.6：性別にみた小学校6年生と中学校3年生の就きたい職業

男子（％）				女子（％）			
小学校6年生		中学校3年生		小学校6年生		中学校3年生	
会社員	28.6	医者	23.2	医者	26.8	教師	30.3
医者	17.4	教師	17.2	教師	26.2	医者	13.9
						会社員	13.9
銀行員	15.5	会社員	13.1	会社員	19.6	銀行員	11.5

b）職業観

　小学生の職業に関する価値観をみると，仕事の目的は，「偉くなるため」（88.4％）が最も高い比率を示し，「お金持ちになるため」（46.5％），「認められるため」（37.3％）がこれに続いて高い比率を示していた（コン，2016）。と

ころが，中学生では異なる傾向が見られた。最も高い比率を占めたのは，「暮らしのため」（92.7％）であり，「得意なことを生かすため」（90.9％），「世の中をよくするため」（90.1％）となっており，いずれも90％を超えて，現金そのも

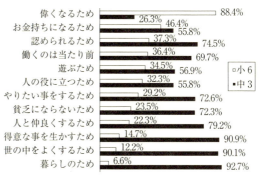

図3.11：学校段階別にみた職業に対する価値観

のや社会的評価よりは，社会への関わりとの関係で仕事を考える傾向がみられる（図3.11）。つまり，中学生では，生徒の職業観が空想的なものから，より現実的なものに変化している。

（5）自己評価の比較
a）好きな活動

　生活の中で好きな活動を小学生と比較すると，上位4つについてみた場合でも，小学生と中学生では大きな差異がみられた（図3.4）。すなわち，「読書をする」（小学生3.7％；中学生97.1％），「計算問題を解く」（小学生12.5％；中学生86.9％），「スポーツをする」（小学生9.8％；中学生70.9％），「人の世話をする」（小学生37.4％；中学生68.7％）と，いずれの項目においても中学生の割合が高くなっている。中学生の場合，多くの項目で好きという回答率が小学生よりも高くなっている。つまり，中学生では多様な活動へと興味の幅が広がっていることがわかる。小学生の回答率が高かった「観察・実験をする」（小学生58.9％；中学生37.1％）や「人と話す」（小学生63.7％；中学生51.6％）においても中学生の比率が少ないわけではなく，多様な活動において，中学生はその比率が高い傾向がみられるのである。

　こうした多様な活動への興味の増加の背景には，小学校及び中学校を通じて基礎教育で展開されるライフスキル・プログラムの影響があると考えられる。

第3章 カンボジアの前期中等教育における進路形成　　89

ライフスキル・プログラムが実生活に応じた多様性のあるカリキュラムだからである。その成果との関連性については実証的な研究を待たねばならないが，多くの活動への興味を中学生は持つようになっていることは確かである。

b）得意な教科と不得意な教科

　生徒がどんな教科を得意と考えているか，という問いについては，中学校と小学校の教科数が異なるため，共通教科である「国語」「数学」のみを取り上げて比較した。国語を得意と回答した比率は，小学生が若干高い（小学生56.0%；中学生48.1%）。数学の場合も，小学生の比率が高い（小学生27.2%；中学生14.9%）。中学生では，国語も数学も，得意という回答率が減少している。国語と数学の内容が小学校レベルより難しくなることが，その原因として推測できる。また，中学校になると，英語や経済などの教科が導入され，小学校より科目数が増え（7科目から10科目に），国語や数学以外にも，得意な教科の選択肢数が広がったことも考慮する必要がある。小学生の得意な科目の比率をみると，国語56.0%，算数27.2%，理科24.3%，社会33.2%，歴史13.9%，地理19.6%となる。

c）生徒の進学の判断基準

　進学の判断基準を比較すると，小学生，中学生ともに，「自分の学力」「親・家族の勧め」「教師の勧め」「家に近い学校」という基準が大きな比率を占める（図3.12）。しかし，小学生で最も重視されていた「親・家族の勧め」の比率に比べ，中学生では「自分の学力」を判断基準の中心とする生徒が75%以上と高くなっている。つまり，中学生の場合，自立性が高まる傾向がみられ，親や教師といった外的要因よりは，自分の学力を中心に判断するようになっている。ただし，カンボジアの場合，生徒の生きる時代の学歴や職業と比べて，ポル・ポト政権直後の混乱期に育った親

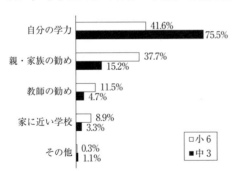

図3.12：学校段階別にみた「進学の際の重視点」

の学歴が社会的に恵まれないものだったことが「親や家族の勧め」を受け入れにくい一因になっている可能性があることも無視できない。

6 進路形成の要因分析

本研究では，中学生の進路形成に影響すると考えられる要因を以下の図にまとめた（図3.13）。中央（「家庭の文化的背景」，「生徒の自己評価」，「生徒の進学の判断基準」）の3つの要因が，生徒の「進学希望」と「将来就きたい職業」にどの程度影響するかについての分析を以下に行う。ただ，「将来就きたい職業」については，その選択肢が多岐にわたるため，個別の職業について分析する必要がある。そこで，本章では，まず「進学希望」への影響要因について考察することにしたい。

（1）要因の選択

家庭の文化的背景の要因については，父親の職業，学歴，参考書，蔵書冊数の4つを選択した。その理由は，この4つの要因が特に進学希望との関係が強くみられたためである。

a）父親の職業との関連

父親の職業は農業（農家）が60％以上と最も高い比率を占めていた（86頁，図3.8）。そこで，要因分析にあたり，父親の職業をさらに農家と農家以外の職業の2つに分類した。進学希望との関連をみた結果，農家以外の職業を持つ父親の

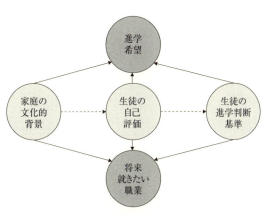

図3.13：進路形成に影響する要因

第3章 カンボジアの前期中等教育における進路形成　　91

子どもの60.0%が大学以上に進学したいと回答しているのに対し，父親が農家である子どもが，大学以上に進学したいと思ったのが48.9%という結果を得た。

b）父親の学歴との関連

　父親の学歴が若干母親の学歴より高いため（85頁，図3.7，87頁，図3.9），今回は父親の学歴を要因として選択し，進学希望との相関分析を行った。次表で父親の学歴と進学希望との関係を示した（表3.7）。学歴の低い父親の子どもほど，「短期校・短期大学」「高校まで」の進学を希望する生徒の比率が高い。父親の学歴が高くなるにつれて，「大学以上」への進学希望の割合も高くなる。クロス分析を行った結果，2つの変数間に大きな関連がみられた（Cr = .269，p < .05）。

表3.7：父親の学歴と中学生の進学希望クロス表

進学希望	父親の学歴（%）		
	小学校未満	高校とその他	大学以上
大学以上	42.0	56.5	60.0
短期校・短期大学	23.9	16.5	20.0
高校まで	20.5	15.3	0.0
わからない	13.6	11.8	20.0
合計	100.0%	100.0%	100.0%

c）蔵書冊数との進学希望率の関連

　「蔵書冊数」と「進学希望」のクロス集計結果をみると，「大学以上」への進学を希望する中学生は，「100冊以下」の蔵書冊数を持つ家庭（49.6%）に比べ，「100冊以上」の蔵書を有する家庭（67.3%）の比率が高い結果となった。また，「高校まで」「短期校・短期大学」までと「わからない」の進学希望率は，「100冊以上」の蔵書冊数の家庭より，「100冊以下」の家庭の方が高い結果となった。蔵書冊数の多い家庭ほど，つまり教育的な資産が豊かな家庭ほど高い学校段階への進学を希望する傾向にある。この点は，他の教育的資産についても次に示すように同様の傾向がみられる。

d）教育的資産との進学希望の関連

　表3.8は，蔵書冊数以外の主要な教育的資産と進学希望との相関係数を示し

ている。進学希望に影響する説明変数として，多くの教育的資産は，進学希望と正の相関関係にある。中でも，「参考書」と「辞書」，「パソコン」という要因と強い関連がある。参考書の有無が最も高い相関を示したので，以下の分析では教育的資産の要因として選択した。

表3.8：相関分析

説明変数	値
教育的資産	
勉強机	.093
個人部屋	(−.023)
参考書	.371**
辞書	.202**
パソコン	.147*

** 5 ％で有意，* 1 ％で有意

（2）進学希望の偏相関分析

　家庭の文化的背景としての上記の4つの要因に加え，生徒による成績の自己評価（高評価群と低評価群に分類），進学の判断基準の2つの要因を加えて，進学希望との相関を見たのが次表である（表3.9）。

表3.9：進学希望と他の要因との偏相関係数（性別で制御）

	参考書の有無	自己評価	父親の学歴	判断基準	父親の職業	蔵書冊数
偏相関係数	0.340	0.271	0.168	0.141	0.115	0.165
有意確率	0.000	0.000	0.009	0.029	0.075	0.010

　父親の職業よりは学歴の影響が大きく，また，成績の自己評価が父親の学歴や職業，そして進学の判断基準より大きな影響を及ぼしている。しかし，成績の自己評価より大きな影響を及ぼす要因として，参考書の有無が上がっている。

　カンボジアでは，中学校の教科書は全員無償配布ではなく，貧しい家庭に優先的に教科書が支給されている。配布する教科書が不足する場合もある。そのため，教科書を提供されない生徒たちにとって，授業内容を理解するためには，教科書の自己負担が強いられる。学校でも家庭でも，生徒の家庭の豊かさがそのまま，生徒自身の学力格差につながっていく。当然，進学を希望するためには，勉学に必要な教科書の有無が前提となるが，さらに参考書を持つことが本人の学力向上に影響する。

　もし，日本のように学校での教育機会が平等に提供され，教科書が全員に行き渡っていたなら，家庭の教育的資産の有無に関わらず生徒の進学希望はかな

えられる可能性が高い。しかし，カンボジアでは，学校の教育機会だけでなく，家庭の文化的背景の影響がなおも強い傾向にある。したがって，親の職業や学歴，そして教育的資産の有無にかかわらず，学校が生徒の進学希望を実現できるような状況になるためには，中学校へのさらなる公共的投資が求められる。

7　まとめ

（1）前期中等教育の進路形成の研究課題

　カンボジアの発展にとって，優秀な人材の育成は大きな課題である。ユネスコが掲げる「万人のための教育（Education For All）」の目標に沿って，カンボジア政府は，明確な教育計画の下，グローバルな水準の教育的達成を目指した質の良い教育制度と教育環境を目指し，全ての就学年齢への教育機会の提供を重要な課題としている。一人でも多くの子どもたちに教育の機会を与えると共に，各学校段階での進学率の向上を果たすためにも，将来の進路形成に繋がるキャリア教育の視点を具体的なカリキュラムとして各学校段階に導入する計画が求められる。そうしたキャリア教育の視点に立った学校教育の機会として，特に，義務教育後の進路が明確に分かれる前期中等教育の充実がさらに求められる。本章では，最初にこの教育制度の課題を取り扱った。さらに，実証的な調査によって，生徒それぞれが持つ文化的背景や進学希望等の要因分析から，次のような進路形成上の課題を明らかにした。

1．中学生のキャリアに関する視点が，空想的なものから現実的なものへ変化している。小学生では，親や教師の意見を中心に決めることが多かったが，中学生になると，親から自立して判断する比率が高くなっている。
2．進学希望に影響する要因としては，父親の職業より学歴の影響が大きい。しかし，それ以上に，家庭の蔵書冊数などの教育的資産，成績の自己評価が大きな影響を及ぼしている。
3．教育的資産の中でも，特に，「参考書」と「辞書」の有無が進学希望に

強い影響を与えている。

　以上の3点が本章の主たる結果である。しかし，研究上の課題としては，以下のものがあると考える。そのひとつは，今後のカンボジアの教育環境の発展を視野に入れた場合，教育環境に及ぼす社会的変化の影響，とりわけ，高度な情報社会への発展と経済発展がもたらす変化を視野に入れる必要がある。

　情報社会の発展については，本調査での分析において，次のような項目を質問紙に組み込めば，生徒の進路形成に影響を及ぼす因子がもっと明らかにされる可能性がある。たとえば，今回は親と教師のみに焦点をあてたが，他の重要な他者がモデルになる場合がある。日本では，学年が高くなるにつれ，多様なメディアとの接触率が高まり，スポーツや他の職業における役割モデルの出現が報告されている（国立教育政策研究所，2005）。

　後者の経済発展の影響については，カンボジアの急速な経済的発展が家庭の経済的背景に与える影響も無視できない。今回の調査では，親や保護者の収入や所得に関する質問が含まれていない。確かに，家庭の文化的背景，特に教育的資産が進路に大きく影響することがわかったが，カンボジアの今後の経済的発展や親の職業構成の変動を考慮したとき，経済的影響の考察は不可欠である。

　また，本章では，中学生の進路意識の形成は，小学生と大きく異なることが明らかにされた。ハヴィガーストは，『人間の発達課題と教育』において次の点を指摘していた。児童期においては，子どもたちは学校や，自分が暮らす生活社会，日常的な生活文化の中で発達する。一方，青年期になると，青年は，徐々に職業社会に入れるように仲間集団での行動力，つまり社会性を身につけ，多様な社会への参加を行っていく。その意味で，生徒の進路形成を保障するためには，親だけでなく学校を通じて，いろいろな地域の人々との交流機会を提供し，生徒自身に広い職業情報・進路情報や社会参加の機会を提供する必要がある。学校教育の内容においても，ライフスキル・プログラムだけではなく，進路相談・指導の提供を通じて，実際社会と結びついた具体的なカリキュラムを検討すべき段階にきているのではないだろうか。しかし，その前にまずはカンボジアのライフスキル・プログラムの教育的効果を実証的に研究する必要が

あるだろう。

（2）前期中等教育の政策上の課題

　以上の研究課題に加えて，次の政策上の課題を挙げることができる。

　第1に，中学校におけるキャリア教育としての進路指導の保障である。調査地域では，そもそも進路指導の機会が十分に提供されていないことが問題である。中学校段階は，生徒にとって初等教育以上にキャリア形成にとって重要な時期である。実際，調査結果では，小学校と比べて，就きたい職業があるという回答率は，中学生に高かった。中学校では，小学校以上に教育課程として進路指導を位置づけ，進学と就職を視野に入れたキャリア教育の導入を検討すべきではないだろうか。国家試験に落ちた生徒への補償，たとえば別の進学や職業機会の提供など生徒の希望へのアスピレーションが低下しないようなキャリア支援策が必要なのである。また，中学校においてはまだ不十分なカンボジアにおけるＩＣＴ教育の普及が職業情報や進路情報の提供にも効果を持つことが期待される。

　第2に，家庭の文化的背景の相違を超えた教育の公共サービスの充実である。中学校では小学校ほどでないにしろ，親の職業や学歴を含む家庭の文化的背景が生徒の進学希望に大きく影響している。学習を支援するための家庭の教育的資産がさらに強い影響を及ぼす結果となっていた。学習環境の整備のためには，親の収入を含む家庭の文化的背景に応じた教育制度の整備が重要と考えられる。「万人のための教育」を保障する教育政策が，カンボジア全体の発展にとって必要不可欠なのである。

注

（1）Ministry of Education Youth and Sports, Cambodia, (2014), "Education Strategic Plan 2014-2018", p.11

（2）Paola Massa, Ali Lane, & Kurt Bredenberg, (2012), "Life Skills Practices in Cambodia: A Review of Implementation by NEP Members", p.5

（3）Open Educational Resources, Ministry of Education Youth and Sports, "STEM

Careers of the Future in Cambodia", 〈URL:http://oer.moeys.gov.kh/2016/02/STEM-Careers-of-the-Future-in-Cambodia.html〉（2016年3月アクセス）

（4）UNESCO Bangkok, (2008), "Secondary Education Regional Information Base: Country Profile Cambodia", p.1

（5）UNESCO, (2011), "World Data on Education Donnees mondiales de l'education Datos Mundiales de Education VII. Ed. 2010/11"

（6）ក្រសួងការងារនិងបណ្ដុះបណ្ដាលវិជ្ជាជីវៈ: (2015) "ផែនការយុទ្ធសាស្ត្រអភិវឌ្ឍន៍វិស័យអប់រំបណ្ដុះបណ្ដាលបច្ចេកទេសនិងវិជ្ជាជីវៈ:ឆ្នាំ 2014-2015"（国立雇用機関（NEA）は，2009年に立ち上げられ，国民に職業に関する多様なサービスを提供することを目的とする。

（7）前掲書。

（8）Ministry of Education Youth and Sports Cambodia, (2005), "Education Sector Support Program 2006-2010", p.8

（9）前掲書。

（10）Ministry of Education Youth and Sports Cambodia, (2004), "Policy for Curriculum Development 2005-2009", p.10

（11）Royal Government of Cambodia, (2008), "National Strategic Development Plan Update 2009-2013", p.63

（12）Global Campaign For Education, (2012), "Every Child needs a Teacher: Closing The Trained Teacher Gap", p.13

（13）Parameswaran Ponnudurai, (2014), "More Than 70 Percent of Cambodia's High School Students Fail Key Exam", Radio Free Asia（RFA），〈URL:http://www.rfa.org/english/news/cambodia/exam-08292014201054.html〉（2016年3月アクセス）

（14）ここでは産業を，第1次産業を農業，第2次産業を工業（採鉱，衣料製造，光熱，水道，建築），第3次産業をサービス（販売，輸送・倉庫，宿泊・食事，情報，金融・保険，不動産，専門職・科学，事務・管理業務，公務的事業，教育，健康・社会福祉事業，芸能界，自営業，国際団体，その他のサービス）として分類した。

参考文献

D. E. スーパー, (1960), 『職業生活の心理学―職業経歴と職業的発達―』日本職業指導学会訳, 誠信書房

Khoun Narim, (2011), *90 Percent of ninth graders pass national examinations*, The Cambodia Daily, https://www.cambodiadaily.com/archives/90-percent-of-ninth-graders-pass-national-examinations-100132/ (2016年3月取得)

国立教育政策研究所, (2003―2005), 『生涯にわたるキャリア発達の形成過程に関する総合的研究報告書 (別冊) ―小・中・高校調査質問紙調査集計』, 芳文社

国立教育政策研究所, (2005), 『生涯にわたるキャリア発達の形成過程に関する総合的研究報告書 (I) 児童・生徒のキャリア発達に関する質問紙調査』

国立教育政策研究所, (2005), 『生涯にわたるキャリア発達の形成過程に関する総合的研究報告書 (別冊) 小・中・高校調査質問紙調査集計』

国立教育政策研究所, (2006), 『生涯にわたるキャリア発達の形成過程に関する総合的研究報告書 (II) ― (IV)』

コン・エン, (2015), 「カンボジアの初等教育の現状と特色に関する考察―ポル・ポト政権後の発展とライフスキル政策―」, 人間文化, 37号, pp.2―6

コン・エン, (2016), 「カンボジアの初等教育における進路形成に関する実証的考察―都会部と農村部の小学校調査を中心に―」『生涯学習・社会教育研究ジャーナル』第9号

MoEYS, (2005), *Education Sector Support Program 2006-2010*

三輪哲・苫米地なつ帆, (2011), 「社会化と教育アスピレーション」『東北大学大学院教育学研究科研究年報』60 (1), pp.1-13

MoEYS, (2011), *Education Statistics & Indicators 2010-2011*

MoEYS, (2012), *Education Statistics & Indicators 2011-2012*

MoEYS, (2013), *Education Statistics & Indicators 2012-2013*

MoEYS, (2014), *Education Statistics & Indicators 2013-2014*

MoEYS, (2015), *Education Statistics & Indicators 2014-2015*

Municipality and Province Investment Information, (2013), *Economic Census of Cambodia 2011 Provincial Report 08 Kandal Province*, Cambodia

National Institute of Statistics & ILO, (2013), *Cambodia Labour Force and Child Labour Survey 2012 ― Labour Force Report*, ILO, Cambodia

National Institute of Statistics, Ministry of Planning, (2015), *Cambodia Socio-Eco-*

nomic Survey 2014

No Fata, (2012), *School dropout at the basic education level in rural Cambodia: A longitudinal study*, Hiroshima University

Paola Massa, Ali Lane & Kurt Bredenberg, (2012), *Life Skills Practices in Cambodia, A Review of Implementation by NEP Members*, NGO Education Partnership (NEP)

R. J. ハヴィガースト，(1995)，『人間の発達課題と教育』荘司雅子監訳，玉川大学出版部

Royal Government of Cambodia, (2010), *National Strategic Development Plan Update 2009-2013*

下村英雄，(2013)，『成人キャリア発達とキャリア・ガイダンス：成人キャリア・コンサルティングの理論的・実践的・政策的基盤』労働政策研究・研修機構

下村英雄，(2005)，「先行研究・先行調査の現状と課題—文献調査１．心理学におけるキャリア発達理論」『生涯にわたるキャリア発達の形成過程に関する総合的研究報告書（Ⅰ）』国立教育政策研究所，pp.69—81

UNESCO Bangkok, (2013), *Asia-Pacific END OF DECADE NOTES ON EDUCATION FOR ALL Goal 3: Life Skills and Lifelong Learning*, UNESCO Bangkok, UNICEF EARPO and UNICEF ROSA

USAID, (2016), *Education*, URL: https://www.usaid.gov/cambodia/education

World Economic Forum Global Agenda Council on Employment, (2014), *Matching Skills and Labour Market Needs Building Social Partnerships for Better Skills and Better Jobs*

第4章

カンボジアの後期中等教育における進路意識の形成
～農村部（カンダル州）の前期中等教育レベルとの比較を中心に～

1　はじめに

　本章では，まずカンボジアにおける後期中等教育の制度とその統計的現状から，後期中等教育における進学の課題について検討した後，農村部（カンダル州）の高校を対象として実施した質問紙調査に基づき，高校生の進路意識の実態を明らかにする。続いて，中学生とのデータの比較から高校生の進路意識の特徴を浮き彫りにし，最後に，その進路意識として進学希望や職業観に影響を及ぼす要因分析を行う。

　中等教育と共通する点として，進路の決定においては国家試験が大きな役割を果たすが，他方で，高校生の進路意識の形成の相違点としては，教員や親の影響が減る一方，中学生以上に自分の学力を判断基準とする傾向が強くなることが予想される。またその職業観は，小学生の空想期から中学生段階では現実的な様相を帯びてきたが，その傾向もまたさらに強くなることが考えられる。もうひとつの問題は，カンボジアの職業構成や性別の役割分業意識など，現実の労働市場についての認識を高校生はますます高めることから，その職業観も性別や出身社会階層の影響が増すと考えられる。

2　カンボジアにおける後期中等教育の現状と進路形成の課題

（1）後期中等教育の定義と制度

①後期中等教育の定義

　2005—2009年のカンボジアのカリキュラム開発政策では，後期中等教育（Upper Secondary School，以下「高校」とする）は，3年間の中学校を修了後，第10学年（日本では高校1年生に当たる）から第12学年に至るまでの課程として制度化されている。

　この高校課程におけるカリキュラム開発政策の目的は，基礎教育の知識を広めるだけでなく，高等教育や生涯学習につなげることにある。中学校3年生の修了時に国家試験に合格することが，高校進学の条件となっている。法律として制定はされていないが，小学校から高校までの授業料は無償となっている。

②後期中等教育の制度

　基礎教育（小学校1年生から中学校3年に至るまで）と異なる高校は，義務教育ではない。高校への進学には，基礎教育の卒業証明書が必要条件となる。また，高校1年生と2年生が，次の学年へと進学するためには，学期毎の試験を受ける必要がある。一方，高校3年生は卒業資格を得るための国家試験の受験が義務となっている。高校3年生の卒業試験の点数は，大学の学費に影響を及ぼすために，生徒たちは真剣に試験勉強を行っている。高校の1年生から3年生に至るまで，毎年，毎学期に試験のための勉強が必要となる。

　さらに，こうした試験制度は，年々改善されている。特に，近年，カンニング防止が厳重に行われるようになってきたため，近年の合格率が下がる状況にある。

　カンボジアの教育では，運動会や部活動といった活動が小学校から高校まで存在していない。小学校から高校までは，体育の授業がカリキュラムに導入されているが，ほとんど実施されていない。また，進学校の選択は，日本のように学校での進路指導というものがないため，生徒が自由に選べる。

③後期中等教育修了のための国家試験

カンボジアの教育制度では，出席率と学期毎に行われる試験の点数が合わせて評価される。その合計点数が進級評価の基準となる。しかし，高校３年の時には，その評価に加えてさらに国家試験の評価が加わる。卒業時の国家試験合格証明書を持つことが大学進学の条件となる。ただし，国家試験の不合格者であっても，２年制の大学（Association Degree と呼ばれる）に進学することが可能である。

卒業時の国家試験の内容と日程，受験校は，教育省及び州レベルで決められる。試験科目は，クメール語，数学，物理学，化学，生物学，自然学，道徳，地理学，歴史と外国語（英語）である。受験日は，国全体で同じ日程で行われる。また，各教科の試験の質を高めるため，生徒たちは成績順ではなく，名前順に整理され，受験校の配分が決められる（MoEYS, 2014b）。

④進学の費用と授業料

カンボジアの義務教育は中学校までで，高校からは義務教育でなくなる。ただし，高校もまた授業料が無償となっている。生徒の中には，自分の成績を向上させるために，extra class に通うものが多い（extra class とは学校の授業時間外に有料で提供される授業であり，同じ高校の教員によって提供されている）。高校の３年時の国家試験で良い成績を取るためには，extra class に通う必要がある。また，高校の成績は大学進学に大きな影響を持つため，みんな必死で良い成績を取れるような努力をする。カンボジアでは，高校で良い成績を受けた生徒の場合，大学進学の際に奨学金が与えられる制度が採用されているからである。

（2）後期中等教育の目標

後期中等教育の目標は，基礎教育の知識をさらに拡大することだけでなく，将来に繋がるような機会を提供し，また高等教育への進学を可能とするものである。

同政策によって，高校生は，以下の知識や理解の向上が期待されている。

- クメール語と数学のさらに高度な知識

- 国民のアイデンティティに対する深い知識

- 国民としての責任感や道徳の理解

- 地域社会に進んで参加できるための日常的なライフスキルの知識

- 自然や科学の法則に対する理解の広がり

- 外国語能力の向上

（3）後期中等教育のカリキュラム

①カリキュラムの目的

　「後期中等学校」のカリキュラムの目的は，基礎教育として生徒の知識を確保するという目的だけでなく，将来の進路への機会を与えるためでもある。つまり，以下の力を保障することによって，高等教育レベルに進学する能力を与え，その学習を専門化し，社会生活に参加できるようにすることが大きな目的なのである。

- クメール語文学と数学の高度な知識

- 国民のアイデンティティについての深い知識

- 市民としての義務と道徳のよりよい理解

- 地域コミュニティーやカンボジア社会において生きていくための日常生活スキル

- 自然界や科学的に関する幅広い理解

- 外国語での高度なコミュニケーション能力

②カリキュラムの内容

　後期中等教育段階のカリキュラムは，必須科目と選択科目の２つに類別される。第10学年の全ての科目が必須である。第10学年の科目は，中学校の科目と同様

表4.1：国家カリキュラム（第10学年）

教科	コマ回数 （一週間分）
クメール語	6
数学	6
科学	6
社会学	6
外国語（英語）	4
身体・健康教育とスポーツ	2
小計	30
LLSP（美術教育を含む）	2－5
合計	32－35

で，国語，数学，社会学，科学，外国語，身体・健康教育とスポーツ，と
LLSP である。

　第11学年になると，生徒たちは必須科目としての国語，外国語，数学，
Physical and Sports の授業を受ける必要があるが，さらに，選択科目（科学，

表4.2：国家カリキュラム（第11—12学年）

	教科		コマ回数 （一週間分）
必須科目	クメール語		6
	身体・健康教育とスポーツ		2
	外国語 （いずれかひとつを選択）	英語	4
		フランス	4
	数学 （いずれかひとつを選択）	基礎	4
		上級	8
選択科目	科学 （ひとつ，2つ，または3つでも選択できる。あるいはどちらも選択しないこともできる）	物理学	6
		化学	4
		生物学	2
		地球・自然	30
	社会学 （ひとつ，2つ，または3つでも選択できる。あるいはどちらも選択しないこともできる）	道徳	いずれの科目は週あたりに4時間
		歴史	
		地理	
		経済	
	EVEP （ひとつ，2つ，または3つでも選択できる。あるいはどちらも選択しないこともできる）	ICT	
		会計または経営	
		LVTS	
		観光	
		芸術教育	

＊基礎数学を選ぶ場合：選択科目から4科目を選択しなければならない。そのため，週あたりの合計時数は32時間となる（＝16時間＋（4 x 4 h））。
上級数学を選ぶ場合：選択科目から3科目を選択しなければならない。そのため，週あたりの合計時数は32時間となる（＝20時間＋（3 x 4 h））。

＊ EVEP (Elective Vocational Education Program)：は教育省，あるいは教育省と連携した私立学校によって提供される選択的な職業教育プログラムであり，地域の職業訓練プログラムに参加できることも目標とされている（MoEYS, 2004）。ICT，会計または経営，LVTS（地域職業技術科目，後述），観光，芸術教育といった科目から構成されている。

第4章　カンボジアの後期中等教育における進路意識の形成　　*105*

社会学，情報処理，会計，経営，観光学）の中から，ひとつ選択することができる。選択科目では，さらに EVEP というカリキュラムが導入され，社会学，科学と EVEP はそれぞれがさらに下位の選択科目で構成される。

　選択科目導入の目的は，自分の得意な科目を磨き，将来的に大学への進学や進路の方向性を効率的定めることが目的となっている。各学年のカリキュラムの詳細は，表4.1と表4.2に示した。

（4）統計に見る後期中等教育の現状
①学校数
　カンボジアでは，中学校と高校が同じ敷地内に併存することが多い。高校しか存在していない学校は少ない。従って，ここでは，中学校と高校が存在する学校数（第7—12学年）を紹介する。ポルポト政権が終わった1979—1980学年度には，高校が全国にたった1校しかなかった。しかし，その後高校数は，年々徐々に増加し，特に2003—2004年度までには200校に増加し，現在（2015—2016学年度）は463校まで増加した（図4.1）。その原因は，単に個別の高校が独自に建設されてその数が増加したほかに，50％の中学校に高校が併設されるようになったからであると考えられる（MoEYSホームページ）。こうした学校数の増加は，単に生徒数の増加に応じたというだけではなく，中学校修了者の高校進学率の増加とも関わっている。

②教員数
　1979年には，高校あるいは中学校と高校段階で教える全国の教員数はたった20人しかいなかった。ところが，1987年には，その数が1,000人に増え，2008年までの間に，教員数が増加するだけでなく，時には若干

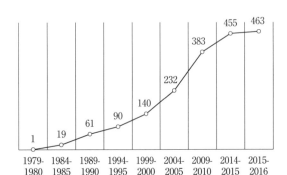

図4.1：全国の第7—12学年の存在する学校数（1979—2016）

減少するような変化もみられた。しかし，2015年には，全国の教員が14,434人に昇った。この教員数は，中学と高校が併設されていることが多いため，いずれの教員数かの判断を行うことは難しい。ただ，上記の学校数で除すると，1校あたり約30人の教員が存在することとなる。わずか20人の1979年から現在の2万人強に増加した理由としては，ポルポト政権後において，ただ単に読み書きができる人間でも「指名教員」とした教育省の教員増加戦略もひとつの理由と考えられる。

③生徒数

1979年頃には，全国の生徒数がわずか281人だけだった。内戦終了後教育分野が注目され，教育への力が注がれるようになった結果，図4.2に示すように，生徒数は年々増加する傾向にあることがわかる。しかし，2013年頃に，その傾向が減少している。そのひとつの原因としては，教育の質を向上させるために，国家試験の質が大幅に改善され，試験中に不正行為がないように，監督の制度などが厳しくなったことが考えられる。

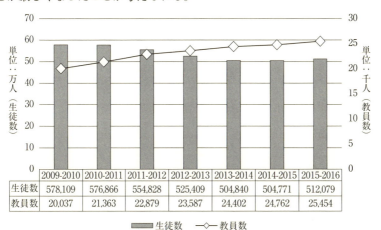

図4.2：2009—2016年の教員数と生徒数の変化（第7—12学年）

④中等教育教員の学歴

教育省の統計から2010—2016年間の教員の学歴を，表4.3にまとめた。2010年からは大学卒の教員数が2016年に至るまで増加している。一方，修士課程修

了の教員は大学卒教員と比べ，まだまだ少ないが増加の傾向がみられる。しかし，博士課程修了の教員は，中等教育段階では非常に少なくその数は10人に満たない。また，2010年の7人が2016年には1人に減っている。その理由としては，博士課程修了の教員が転職してしまったと考えられる。

表4.3：中等教育教員の学歴

学年度	小学校卒	中学校卒	高校卒	大学卒	修士課程修了者	博士課程修了者
2010—2011	233	7,524	20,432	6,870	414	7
2011—2012	321	7,108	21,001	8,370	427	0
2012—2013	257	6,448	21,246	9,768	492	0
2013—2014	164	6,240	21,733	10,728	518	3
2015—2016	291	5,821	20,684	13,238	889	1

（5）生徒の修了率と進学率の統計

①前期中等教育から後期中等教育にかけての進学率

表4.4には，2010—2015年の第10—12学年の修了率を示す。統計によると，調査の対象としたカンダル州の修了率はカンボジア全国の比率より高い。だが，全体的に両方ともまだ低い。また，男女別の比率は女子が男子より若干低い比

表4.4：2010—2015年の第10—12学年の修了率

学年度	地域	修了率（％）		
		後期中等教育（10—12年）		
		合計	女	男
2010—2011	カンダル州	40.90	36.70	44.80
	カンボジア	28.50	25.20	31.60
2012—2013	カンダル州	32.51	31.36	33.58
	カンボジア	27.00	25.25	28.65
2013—2014	カンダル州	27.31	27.11	27.50
	カンボジア	22.74	22.10	23.34
2014—2015	カンダル州	23.80	23.80	23.90
	カンボジア	20.00	20.10	20.00

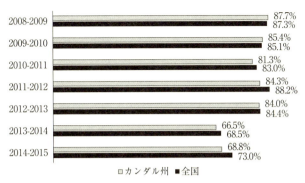

図4.3：全国とカンダル州における第10—12学年の進学率（2008—2015年）

率となっている。

　図4.3は，全国とカンダル州の第10—12学年の進学率を示すものである。カンダル州の進学率は，2008年から2015年にかけて，その率がほぼ同じだとわかる。2013—2014学年度では，両方の進学率が低下している。この年度は，教育省により，国家試験制度が改善され始めた年である。国家試験制度の問題については，改めて述べる。前期中等教育から後期中等教育への移行率（transition rate）は，2013—2014年度81％から，2014—2015年度に83％へと増加している。

　表4.5は，カンボジア全体での高校の在学率（enrollment rate）を示している。Gross enrollment rate と Net enrollment rate の相違は，前者が留年生を含めた場合，後者が同じコーホート（同年齢階層）内での純在学率を示している。Gross enrollment rate は，前期中等教育で53.6％（2012—2013）であり，後期中等教育では，27.4％となっている。同学年のほぼ半数が中学在学であり，4分の1が高校に在学しているとみられる。高校での Gross enrollment rate の変化をみると，2009—2010年度に32.3％であったものが2012—2013年度には27.4％に若干減少している。ただし，他方で，脱落率が上昇したというわけではない。

　表4.6に示したように，脱落率は，2009—2010年度に高校で11.2％であったものが，2012—2013年度には10.1％へ減少している。また，修了率も，25.9％から27.0％へわずかに増加している。

第4章　カンボジアの後期中等教育における進路意識の形成　　109

表4.5：カンボジアの高校在学率

No	Indicators	Actual 2009-2010		Actual 2010-2011		Actual 2011-2012		Actual 2012-2013		Targets 2012-2013		
		T	F	T	F	T	F	T	F	T	F	
1	% of five-year-old children enrolled in all aspects of early childhood education programs	39.8%	40.5%	46.0%	51.0%	52.7%	49.8%	56.5%	49.5%	55.0%	55.0%	⬆
2	Net admission rate	93.8%	93.5%	93.4%	94.2%	94.1%	94.0%	94.3%	94.2%	98.0%	98.0%	➡
3	Net enrollment rate in primary education	95.8%	95.5%	96.1%	94.4%	96.4%	96.1%	97.0%	97.0%	97.0%	97.0%	⬆
4	Gross enrollment rate in lower secondary education	58.1%	57.1%	56.6%	56.1%	55.0%	55.0%	53.6%	54.2%			⬇
	Net enrollment rate in lower secondary education	31.9%	33.7%	33.9%	36.1%	35.1%	37.4%	37.8%	40.2%	47.0%	47.0%	⬇
5	Gross enrollment rate in upper secondary education	32.3%	29.2%	33.2%	31.0%	30.6%	28.9%	27.4%	26.4%			➡
	Net enrollment rate in upper secondary education	19.3%	19.3%	20.8%	21.1%	19.6%	20.1%	18.1%	18.8%	23.0%	23.0%	➡
6	Number of students in public and private higher education institutions	145,265	51,596	173,264	70,954	207666*	83,463	216,506*	86,235	199,006	89,086	⬆
7	Literacy rate among 15-24 year-old people	87.5% **		88.8% ***		89.0%		91.5% ***		91.0%		➡

⬆ Achieved　➡ Fairly achieved　⬇ Not achieved

* This figure does not include students of associate degree
** Figure from 2008 national census (Ministry of Planning)
*** National Institute of Statistics, Ministry of Planning (2012) : Cambodia-Socio-Economic Survey 2010
出典："Education Strategic Plan 2014-2018", (MoEYS, 2014c), p14より

　2013—2014年度以降，教育省は，在学率や修了率を増やし，脱落率の減少に向けてその教育政策を厳しいものへと移行しつつある。

②高校から大学への進学率

　ここでは，高等教育について多くは触れないが，高校進学に関係した大学の進学率を紹介しておく。1999年にはカンボジア全体で13大学があり，その数字は年々増加しており，2014年に至るまでは110大学へと増加している。また，

表4.6：脱落率と修了率の変化

No	Indicators	Actual 2009-2010		Actual 2010-2011		Actual 2011-2012		Actual 2012-2013		Target 2012-2013		
		T	F	T	F	T	F	T	F	T	F	
8	Pupil - class ratio at primary education	38.6		38.0		36.6		36.9		45.5		⬆
9	Teacher - class ratio at primary education	0.78		0.78		0.77		0.76		0.95		⬆
10	Repetition rates											
	Primary education	8.9%	7.8%	7.1%	6.2%	5.8%	5.0%	5.3%	4.5%	6.0%	6.0%	⬆
	Lower secondary education	2.3%	1.5%	2.0%	1.3%	1.8%	1.2%	1.5%	1.0%	1.4%	1.2%	⬆
	Upper secondary education	2.8%	1.7%	1.8%	1.1%	2.2%	1.5%	1.7%	1.1%	2.2%	1.2%	⬆
11	Dropout rates											
	Primary education	8.3%	7.8%	8.7%	8.7%	8.3%	7.8%	3.7%	4.7%	6.0%	6.0%	⬆
	Lower secondary education	18.8%	19.4%	19.6%	20.2%	21.7%	21.9%	20.0%	18.7%	13.0%	15.0%	⬇
	Upper secondary education	11.2%	10.8%	11.8%	10.7%	13.7%	13.1%	10.1%	9.8%	9.0%	8.0%	➡
12	Completion rates											
	Primary education	83.1%	83.7%	85.3%	85.0%	89.7%	89.9%	87.3%	87.8%	95.0%	95.0%	➡
	Lower secondary education	48.6%	44.2%	44.4%	44.2%	42.1%	41.6%	40.6%	40.3%	52.0%	51.0%	➡
	Upper secondary education	25.9%	22.4%	28.5%	25.2%	27.8%	26.1%	27.0%	25.2%	30.0%	28.0%	➡

出典："Education Strategic Plan 2014-2018"，(MoEYS, 2014c)，p14より

1999年に13大学に入学した学生数が23,192人であったのが，2013年には約10倍も増加（249,092人）した（Tapas, 2015）。

　高等教育の Gross enrolment rate は，2013—2014年に13％，2014—2015年度に15％となり，大学への進学は，増加の傾向を示している。

（6）進路形成の発達課題

　これまでの小学生，中学生の分析においては，スーパーの命題のうち，

- 　4—「自己概念は，青年期以前から形成されはじめ，青年期において次第に明確になり，かつ青年期において職業の名に翻訳される」
- 　5—「現実要因（個人的特徴という現実と社会という現実）は，青年前期から成人と年齢の進むにつれて，職業の選択において演じる役割がますます重要になる」（下村英雄, 2005）。

第4章　カンボジアの後期中等教育における進路意識の形成　　*111*

この2つを考えながら，考察してきた。特に，スーパーの職業的発達論で提示されている後期中等教育の年令層の仮説は，次のようになっている。

・探索段階（15～24歳）
・暫定期（15～17歳）欲求，興味，能力，価値観，雇用機会の全てが考慮される
・移行期（18～21歳）労働市場または専門的な訓練に入り，現実を重視する

確かに，進路を選択するにあたっての基準として，次第に自己の学力を判断基準とする傾向が増し，親や教員の意見の影響は下がってきた。また，現実性の志向も，他の項目の分析結果でその傾向が示されてきた。

ただ，中学生から，高校生にかけて，その進路選択の枠組みを考えるにあたっては，スーパーの枠組みをより大きな生涯にわたる職業選択，つまり，キャリアという視点から，捉える必要がある。

「職業」ではなく，「キャリア」という用語を用いるのも，自己概念の発達が職業以外の人生で果たす役割があるという理由からによる。スーパーがその後，ライフキャリアの虹というモデルを示したように，職業の選択は他の多様な社会的役割と関係し，市民や家庭人，職業人，その他の多様な役割を社会で果たすようになるため，職業という基準だけでは，人生の発達を捉えることに無理が生じるからである。

下村によれば，この考え方は，後にクライツ（Crites, 1961）によって，「進路成熟度」という考え方に発展したとされる。「進路成熟度」は，「進路選択の一貫性」「進路選択の現実性」「進路選択の有能性」「進路選択の態度」の4つの側面から定義され，それぞれに測定可能な尺度を作成して，実証的な研究へと導いている。本研究でも，国立教育政策研究所の尺度を用いることにより，この問題についての考察を行った。

さらに，下村によると，ゴットフレドソン（Gottfredson L.S., 1981）は，社会学的な観点も取り入れ，キャリア発達においては，発達に応じて受け入れられない職業が排除され，自分の特徴に合わせて，職業を制限していく過程を考慮した発達論を展開した。職業選択のプロセスが認知的な負荷の高い課題で

あるため，自分にとって分かりやすい基準で職業を減らしていくのではないか
と考えた。職業排除の基準として，彼女が提唱したものに，ジェンダーや職業
威信，職業興味の3つがある。彼女によれば，この3つの側面が発達的にこの
順番で職業選択の基準として意識されるというのである。特に，ジェンダーは
6歳〜8歳，職業威信は9歳〜13歳，職業興味は14歳以降といった大まかな年
齢幅も特定されている。

　しかし，本調査において，小学生や中学生の段階では，それほど大きな性差
がみられなかった。そこで，高校生の段階では，この性差をひとつの指標とし
てさらに分析を行うことにしたい。

3　後期中等教育における進路形成に関する実証的調査

（1）調査の目的

　この調査の対象となったのは，カンダル州にあるS高校3年生の126名であ
る。調査の対象者は，調査時に無作為に選択したため，女子生徒の割合が6割，
男子が4割となり，女子がわずかに高い結果となった。

　調査の目的は，高校への進学率が低い現状の中で，高校3年生の進路形成に
おいて，どのような要因がその決定に影響を及ぼすか，である。この問題を中
心に，調査結果の分析を進める。

（2）調査期間

　調査は，2015年7月30日—同年8月10日にかけて行い，カンダル州の高校の
夏休み直前の期間であった。

（3）調査対象校と内容

　調査内容は，主に5つのカテゴリーに焦点を当てている。その5つは，①家
庭の文化的背景，②ICTの利用状況，③進学希望と留学希望，④将来就きた

い職業の有無と職業観，⑤（学習に対する）自己評価，である（このカテゴリーの意味については第３章を参照）。

（４）調査結果

　高校３年生の126名から得られた結果は次の通りである。

　基本的属性（性別と年齢）：調査期間（2015年７月30日―８月10日）は学校の長期休みの開始直前であって，学校に通っていない生徒も多数いた。そのため，調査問題への回答者は当日出席した生徒だけになった。126名の内，男子生徒が38.1％，女子生徒が61.9％となった。年齢は，17歳〜20歳で構成されている（高校３年生の年齢に当たる17歳が15.9％，その他就学年齢の遅帯者と留年者を含む年齢（内訳18歳51.6％，19歳24.6％，20歳7.9％）。

カテゴリー⑴：家庭の文化的背景

a）親の職業

　表4.7は，親の職業について示している。高校３年生の親の５割前後が農家で，最も割合が高い（母親46.8％，父親56.3％）。父親の場合，農家の次に割合の高い職業が自営業，公務員であり，それぞれ14.3％，10.3％である。母親の場合は，農家の次に専業主婦（23.8％），自営業（18.3）となる。親が教師の比率をみると，母親も父親も５％前後だが，父親が若干母親より高い（5.6％，4.8％）。公務員は父親で10.3％だが，母親は1.6％にすぎない。また，

表4.7：高校３年生の親の職業

母親	高３	父親	高３
専業主婦	23.8%	農家	<u>56.3%</u>
農家	<u>46.8%</u>	公務員	10.3%
自営業	18.3%	その他	9.5%
公務員	1.6%	自営業	14.3%
その他	4.8%	労働者	0.8%
労働者	0％	会社員	3.2%
教師	4.8%	専門的職業	0.0%
		教師	5.6%

その他に少なくとも高校卒業を必要とする父親の職業をみると，会社員（3.2％），NGO スタッフ（2.4％），銀行員（0.8％）となる。

b）親の学歴

　父親の学歴は，高校卒業者の比率が最も大きく29.4％であり，中学校卒と

小学校卒業者がそれぞれ26.2％，23.8％と続く（表4.8）。大学以上の卒業者の比率は13.5％となっている。他方，母親の場合，高校卒業者の比率が父親と同じく29.4％であるが，小学校卒業者の比率の方が大きく33.3％である。大学以上の卒業者比率はわずか2.4％であり，父親に比べて，小学校卒業者が多い一方，短期大学も含めて，大学以上の高等教育修了者は非常に少ない。

c）教育的資産

　教育関連の道具：自宅に，生徒の教育の資源となるような資産があるかないか，その教育資産について，本調査では尋ねている（表4.9，複数回答）。所有率の高い順にその比率をみたのが表4.9である。その結果，テレビの所有率が最も高く9割を示し，続いて（個人用の）携帯の所有者が9割近く

表4.8：高校3年生の親の学歴

学歴	母親	父親
学校に通えなかった	2.4%	3.2%
小学校	<u>33.3%</u>	23.8%
中学校	31.0%	26.2%
高校	29.4%	<u>29.4%</u>
短期校・大	1.6%	4.0%
大学以上	2.4%	<u>13.5%</u>

表4.9：教育資産（自宅の所有物の比率の高い順）

所有物	高3
テレビ	92.9%
個人携帯	88.9%
参考書	84.9%
個人電卓	82.5%
勉強机	81.0%
辞書	73.0%
個人部屋	63.5%
静かに勉強できる場所	62.7%
DVDプレイヤー	49.2%
文学作品詩（本）	38.9%
パソコン	<u>30.2%</u>
美術品	23.0%
ネット回線	<u>16.7%</u>
PCソフト	15.9%
デジカメ	15.1%

もいる。中学生の場合に比べて格段に高い所有率となっている。さらに，参考書，個人電卓，勉強机，辞書の所有率は，7割から8割を越え，多くの生徒がこれらのものをもっていることがわかる。

　他方で，注目したいのが自宅でのパソコンの所有率である。高校生程度になると親がパソコンを子どもに提供していると考えられるが，調査結果では，わずか3割にすぎない状況となっている。また，個人部屋の所有者も6割以上と

表4.10：蔵書数

蔵書数	性別		合計
	男子	女子	
100冊未満	76.6%	62.0%	67.5%
100冊以上	23.4%	38.0%	32.5%
合計	100.0%	100.0%	100.0%

なっている。いずれの結果も，中学生の結果以上の比率となっているが，この点については後述する。

蔵書冊数：生徒の進路や学習に影響を与える要因のひとつと考えられるのが，自宅の蔵書冊数である。この問いに対して，「100冊未満」の蔵書を持つ回答者は67.5%，それに対し「100冊以上」の蔵書を有する家庭は3割しかない（32.5%）。また，男女別の割合をみれば，「100冊以上」持つ女子の割合が若干男子より高い（表4.10）。

カテゴリー⑵：ICT に関わる内容

a）パソコンの台数

自宅にパソコンの何台あるかについて聞いてみた結果，「1台ある」と回答した生徒が3割（31.0%），「2台と3台以上がある」は1割以下（それぞれ7.9%，4.0%）である。「自宅にパソコンがない」（0台の回答）との回答は約6割近く（57.1%）を占め最も多い。

b）パソコンの利用経験

パソコンの利用経験についての結果は表4.11にまとめる。126人の中，パソコンの利用経験があると回答した生徒が約7割（68.3%）である。性別をみると，利用経験の「有」と回答した女子の割合が7割弱もあり，若干男子より高い。

さらに，利用経験のある全体の7割弱のうち，どんな作業ができるかを複数回答で訊ねた。ICT スキルを把握するために，今回は「MS. Office」と「インターネット」の利用だけに，拠点としておいておきたい。全体的に MS. Office

表4.11：性別にみたパソコンの利用経験の有無

PCの利用経験	性別		合計
	男子	女子	
無	34.0%	30.4%	31.7%
有	66.0%	<u>69.6%</u>	<u>68.3%</u>
合計	100.0%	100.0%	100.0%

表4.12：性別にみた利用できるパソコン内容

自分で利用できる SOFT		性別		合計
		男	女	
インターネット関係	メッセージ交換	87.1%	74.1%	78.8%
	ダウンロード作業	100.0%	77.8%	85.9%
	ネット検索	90.3%	79.6%	83.5%
	E メール・添付作業	64.5%	55.6%	58.8%
MS.Office	MS.Word	80.6%	83.3%	82.4%
	MS.Excel	64.5%	57.4%	60.0%
	MS.Powerpoint	58.1%	50.0%	52.9%
	MS.Access	41.9%	25.9%	31.8%

＊以上の数値は「自分で利用できる」と「誰かに手伝ってもらえばできる」の合計

を利用できる割合は高い順に，次の通りである。「MS. Word」82.4％，「MS. Excel」60.0％，「MS. PowerPoint」52.9％，「MS. Access」31.8％の高い順になる。また，インターネット関係の作業の割合も高く，6割弱の「E-mail」以外は，「ダウンロード作業」「ネット検索」や「メッセージ交換」作業が7割強以上も示す。さらに，性別をみてみると，「MS. Word」を除き，そのほか男子の割合が全体的に女子の割合より高い。詳細は，表4.12に示す。

カテゴリー(3)：進学希望と留学希望

a）進学希望

高校卒業後，どこまで教育を受けたいかという質問に対し，「大学」までという回答が約4割（43.7％）で最も多い。次いで多いのが「大学院」までで，42.1％である。「短期大学」が7.1％，「わからない」5.6％，「その他」1.6％の順である。表4.13は，この進学希望を性別に見た結果である。有

表4.13：性別にみた進学希望

進学希望	性別		合計
	男	女	
わからない	6.4%	5.1%	5.6%
短期大学	10.6%	5.1%	7.1%
大学	53.2%	38.0%	43.7%
大学院	27.7%	50.6%	42.1%
その他	2.1%	1.3%	1.6%
合計	100.0%	100.0%	100.0%

意な差は得られなかったが，男性が大学までの希望であるのに対し，女性の進学希望では大学院までのものが半数を占めている。この結果は，後にみるように，就きたい職業の内容とも関連しているとみられる。女性に医者希望者や教員志望者が多いからである。

b）留学希望

　また，「将来海外へ留学をしたいですか」の質問に対して，「留学したい」と回答した生徒は8割（81.7%）もいる。その中，女子の割合が男子より若干高くみられる（表4.14）。

　留学したいと回答した生徒に対して，さらに留学先についても訊ねた。得られた結果は，表4.15にまとめた。男女を問わず，一番人気のある留学先はアメリカである。アメリカの次に，男子が留学したい国は日本（18.9%），シンガポール・フランス（10.8%）。女子の場合は，日本，シンガポール，とオーストラリア（それぞれ10.6%）はアメリカに続き，同じランキングのようにみえるが，男子にフランスが多く，女子にオーストラリアが多い点が異なっている。

カテゴリー⑷：将来就きたい職業の有無と職業に対する価値観

a）将来就きたい職業の有無

　上記の質問に対して，9割以上が将来就きたい職業が「ある」（96.0%）と非常に高い割合で，「ない」が2.4%，と「わからない」が1.6%である。

表4.14：性別にみた留学希望

留学希望	性別		合計
	男	女	
はい	78.7%	83.5%	81.7%
わからない	6.4%	7.6%	7.1%
いいえ	14.9%	8.9%	11.1%

表4.15：性別にみた留学先（全体の高い順に）

留学先	性別		合計
	男	女	
アメリカ	48.6%	59.1%	55.3%
日本	18.9%	10.6%	13.6%
シンガポール	10.8%	10.6%	10.7%
オーストラリア	2.7%	10.6%	7.8%
フランス	10.8%	6.1%	7.8%
スペイン	2.7%	1.5%	1.9%
フィリピン	5.4%	0.0%	1.9%
イギリス	0.0%	1.5%	1.0%

b）就きたい職業の種類

将来就きたい職業があると回答した生徒に，さらに具体的にどんな職業に就きたいかを訊ねた。多くの生徒の就きたいトップ3の職業は，①「会社員」18.0％，②「公務員」17.2％，③「医者」13.1％となる。若者に，あまり人気のない「教師」という職業は，7位にある（表4.16）。

表4.16：性別にみた就きたい職業内容のランキング

就きたい職業内容	性別		合計
	男	女	
会社員	15.6%	19.5%	18.0%
公務員	17.8%	16.9%	17.2%
医者	6.7%	16.9%	13.1%
IT関係	17.8%	7.8%	11.5%
建築関係	20.0%	5.2%	10.7%
銀行員	8.9%	9.1%	9.0%
教師	0.0%	11.7%	7.4%
看護師	0.0%	2.6%	1.6%
その他	13.3%	10.4%	11.5%

さらに，性別の分析結果をみると，男女の就きたい職業にははっきり差異がみられる。男性の職業と知られている「IT関係」「建築関係」の職業では，男子の割合が女子の割合より高い。しかし，「医者」と「教師」に就きたい女子の割合は，その逆で男子以上の希望がみられる。

c）就きたいと思った時

次に生徒がいつ頃から（上記の）職業に就きたいと思ったのかを訊ねた。「中学校の時」に思ったと「今考えた」の回答は3割超えており，それぞれ36.9％と32.0％である。「忘れた」と「小学校の時」の割合が，1割前後となる（それぞれ8.2％，15.6％）。最も少ないのが「小学校に入る前」の割合で7.4％に留まる。

d）将来何のために働きたいですか？（職業観）

高校3年生になると，次第に仕事をすることに対する現実的な理由が多くあげられるようになっている（図4.4）。実際，9割を占めた理由が「暮らしのため」（98.4％），「得意な事を生かすため」（95.2％），「世の中をよくするため」（94.4％），「認められるため」（92.7％），「人と仲良くするため」（91.1％）である。また，「やりたい事をするため」と「貧乏にならないため」が8割を占

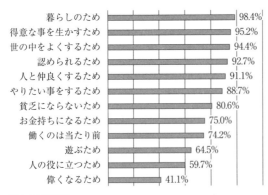

図4.4：職業観

める（それぞれ88.7％，80.6％）。「お金持ちになるため」（75.0％）「働くのは当たり前」（74.2％）と考えている生徒も7割を越える。他方，「遊ぶため」（64.5％）や「人の役に立つため」（59.7％），「偉くなるため」（41.1％）などの理由は少ないとはいえ，まだそうした理由で仕事につくことを考える高校生もいる。

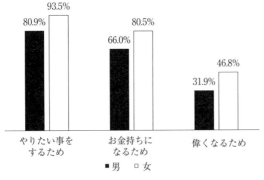

図4.5：職業観で性差が大きかった項目

図4.5は，職業観の項目の中で特に性差が大きかったものを示したが，「やりたいことをするため」，「お金持ちになるため」，「偉くなるため」などのいずれの項目でも，女子生徒が高い比率を示している。カンボジアの職業環境において男女間の平等がどの程度進んでいるのか，はわからないが，女性においてこれらの理由が高いことは，逆に，カンボジアの職業環境の中で，やりたいことをしにくく，賃金差があり，社会的地位が低い状況を示しているのかもしれない。

カテゴリー(5)：(学習に対する) 自己評価

a）好きな活動

　生徒自身がどのような好きな活動を行っているかは，職業の選択にあたって，自分の個性を知ることが重要な手がかりになるという視点から，複数回答形式で好きな活動の有無を訊ねた。その結果では，「読書」が好きな割合が9割もあ

り，最も高い。次いで高い項目が
「計算問題を解く」8割（84.8%），
「意見を述べる」7割（76.8%）
となっている。さらに，「作文を
書く」（69.6%），「パソコンを使
う」（65.6%），「スポーツ」（64.0%），
「歌う」（64.0%），「テレビゲーム
をやる」（63.2%），「図書館で調
べる」（62.4%），「人を笑わせる」
（61.6%），「人と話す」（60.0%）
といった活動が6割を越えており，
多様な活動への興味を持っている
ことがわかる。さらに「料理す
る」（59.2%）と「観察・実験」
（52.8%）も5割を越えている。
5割以下の項目では「絵を描く」
（45.6%），「楽器を演奏する」
（37.6%），「動物の世話」（34.4%），

表4.17：高校3年生の好きな活動（高い順）

好きな活動	割合
読書	94.4%
計算問題を解く	84.8%
意見を述べる	76.8%
作文を書く	69.6%
パソコンを使う	65.6%
スポーツ	64.0%
歌う	64.0%
テレビゲームをやる	63.2%
図書館で調べる	62.4%
人の世話	62.4%
人を笑わせる	61.6%
人と話す	60.0%
料理する	59.2%
観察・実験	52.8%
絵を描く	45.6%
楽器を演奏する	37.6%
動物の世話	34.4%
踊る	31.2%
工作	29.6%

「踊る」（31.2%）が続き，最も低いのは「工作」（29.6%）となっている。

　図4.6は，上記の結果を性別にみたものだが，男女で大きな差異があるのは，
スポーツ活動と料理である。スポーツ活動は男性，料理は女性の比率が高い。
10%以上の差異がみられるのは，「動物の世話をすること」（男子46.8%，女子
26.9%），「人を笑わせる」（男子55.3%，女子65.4%）とそれぞれ男性，女性
が高い結果となっている。

b）得意な教科と不得意な教科

　生徒自身の自己評価という視点から，得意な科目について尋ねた結果が表
4.18である。「国語」が得意と回答した生徒が全体の4割を占め，他の教科と比
べて最も高い数字である。次いて高い順に並べれば，「公民」（34.9%），「英語」

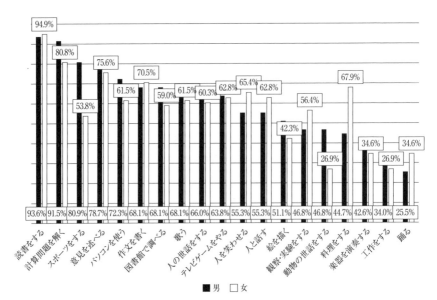

図4.6：性別にみた好きなこと

表4.18：高校3年生の得意な科目への自己評価（性別）

得意な科目	男子	女子	合計
国語	45.5%	43.9%	<u>44.4%</u>
公民	40.9%	31.7%	34.9%
英語	18.2%	<u>31.7%</u>	27.0%
生物	40.9%	17.1%	25.4%
化学	27.3%	17.1%	20.6%
地理	22.7%	17.1%	19.0%
物理	27.3%	12.2%	17.5%
地学	27.3%	12.2%	17.5%
経済	18.2%	17.1%	17.5%
歴史	22.7%	9.8%	14.3%
数学	27.3%	4.9%	<u>12.7%</u>

(27.0%),「生物」(25.4%),「化学」(20.6%) となる。さらに,「地理」(19.0%),「物理」(17.5%),「地学」(17.5%),「経済」(17.5%),「歴史」(14.3%),「数学」(12.7%) の順に1割〜2割の回答がみられる。これを男女別の割合をみると,「英語」以外は男子が女子より高い評価を行っている。特に,「歴史」「数学」は,男子が女子より高い自己評価を行っている。

4 前期中等教育との比較分析

　続いて，同じカンダル州の中学生と高校生の調査結果にどのような差異があるのかを比較分析し，前期中等教育と後期中等教育の進路形成の変化を見ることにしたい。

（1）家庭の文化的背景の比較

a）親の職業と学歴

　職業：中学生と高校生ともに農家を親に持つ生徒が多い。その割合は，両者共に父親が母親より若干多い。父母共に，自営業の比率が高校生の親に多くなっている。公務員の職業を持つ父親や母親は，中学生に若干多い。しかし，中学生の親には教師がいなかったが，高校生の親には 5 ％前後みられる（表4.19）。

　学歴：表4.20には，学校段階別の親の学歴を示した。母親の学歴をみてみよう。「高卒」と「大学以上（大学院を含む）」の比率をみれば，高 3 の母親が中 3 の母親より若干高い。しかし，「学校に通えなかった」と「小学校」の比率は中 3 の母親が高 3 の母親より高い。一方，父親の場合，「学校に通えなかった」「小学校」「中学校」「高校」までの比率は両学校段階でほぼ同じ比率を持

表4.19：中高生の親の職業（中 3 の高い順）

母親	中 3	高 3	父親	中 3	高 3
専業主婦	41.7%	23.8%	農家	63.8%	56.3%
農家	40.2%	46.8%	公務員	13.0%	10.3%
自営業	12.3%	<u>18.3%</u>	自営業	5.8%	<u>14.3%</u>
公務員	2.5%	1.6%	労働者	5.8%	0.8%
労働者	1.4%	0.0%	会社員	1.8%	3.2%
教師	0.0%	4.8%	専門的職業	1.1%	0.0%
その他	1.8%	4.8%	教師	0.0%	5.6%
			その他	8.7%	9.5%

第 4 章　カンボジアの後期中等教育における進路意識の形成　　*123*

表4.20：中高生の親の学歴

学歴	母親		父親	
	中3	高3	中3	高3
学校に通えなかった	5.1%	2.4%	2.2%	3.2%
小学校	43.8%	33.3%	29.7%	23.8%
中学校	23.6%	31.0%	26.4%	26.2%
高校	21.4%	29.4%	29.3%	29.4%
短期校・大	4.4%	1.6%	6.8%	4.0%
大学以上	1.8%	2.4%	5.4%	13.5%

つ。「大学以上」の比率は，高3の父親が圧倒的に中3の父親より高い数字を持つ。高3の母親と父親の学歴は，中3の親より若干高い傾向にある。

b）教育的資産

以下の表4.21は，中3と高3の教育的資産の比率を示している。全体として，高3の生徒は，中3よりこうした資産の所有率が高い。なかでも，個人携帯やパソコンを高校生は多く持っている。

表4.21：中3・高3年生の所有物の比率（高3の高い順）

所有物	中3	高3	差
テレビ	92.4%	92.9%	0.5%
個人携帯	44.4%	88.9%	44.5%
参考書	76.7%	84.9%	8.2%
個人電卓	54.9%	82.5%	27.6%
勉強机	53.1%	81.0%	27.9%
辞書	52.7%	73.0%	20.3%
個人部屋	37.5%	63.5%	26.0%
静な勉強場	50.9%	62.7%	11.8%
DVDプレイヤー	45.8%	49.2%	3.4%
文学作品詩（本）	22.2%	38.9%	16.7%
パソコン	17.1%	30.2%	13.1%
美術品	22.2%	23.0%	0.8%
ネット回線	12.7%	16.7%	4.0%
PCソフト	9.8%	15.9%	6.1%

（2）ICTの利用状況の比較

図4.7は，パソコンの利用経験の有無を中3と高3で比較した結果である。高校生ほど，利用経験を持つ割合が増加している。また，中学生，高校生ともに，利用したことがある女子の割合が男子よりやや高い。

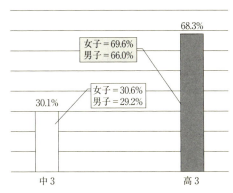

図4.7：中3・高3のパソコン利用経験の比較

（3）進学希望と留学希望の比較

a）進学希望の比較

表4.22は，中学生と高校生の進学希望を比較した結果である。中学生の場合，3割の生徒が大学を希望しているが，大学院の希望者は2割強に減少している。他方，高校生の場合は，4割以上の生徒がそれぞれ大学と大学院を希望している。ただし，高校生の場合は，「高校」という選択肢はない。したがって，中学生の方に選択肢が多い結果，中学生の比率は分散する傾向にあることを配慮して比較しなければならない。それでも，大学院の希望者が中学生に比べて高校生では2倍近くに達していることは，注意すべきであろう。この大学院の希望者については，高校生で性別にみた結果では，女性の比率が高かった。女性に教員と医師の希望者が多かったことがここに反映されているとみられる。高

表4.22：性別にみた中3と高3年生の進学希望

進学希望	中3 男	中3 女	合計	高3 男	高3 女	合計
高校	15.1%	19.4%	17.8%	0.0%	0.0%	0.0%
短期大学	15.1%	17.6%	16.7%	10.6%	5.1%	7.1%
大学	35.8%	27.6%	30.8%	53.2%	38.0%	43.7%
大学院	22.6%	21.8%	22.1%	27.7%	50.6%	42.1%
わからない	10.4%	11.8%	11.2%	6.4%	5.1%	5.6%
その他	0.9%	1.8%	1.4%	2.1%	1.3%	1.6%

校生で大学院進学希望者の中では，医者を就きたい職業とするものが20.8%を占めており，公務員が17%となっている。また，教師志望者（9名）のうち，大学院希望者は5名，大学希望者が4名となっている。

b）留学希望の比較

　表4.23及び表4.24は，中学生と高校生の留学希望者の比率と，留学したい国を比較した結果である。中学生に比べて，高校生の方が留学希望者の比率は若干増加しているが有意な差ではない。性別にみた結果では，中学生，高校生ともに「留学したい」女子の割合は男子より高くなっている。

　留学したい国をみると，中学生に比べて高校生では，半数がアメリカを希望

表4.23：中3・高3の留学希望比率

留学希望	高3		合計	中3		合計
	男	女		男	女	
わからない	6.4%	7.6%	7.1%	11.3%	12.4%	12.0%
いいえ	14.9%	8.9%	11.1%	13.2%	9.4%	10.9%
はい	78.7%	83.5%	81.7%	75.5%	78.2%	77.2%

表4.24：留学したい国（中3と高3の比較）

留学先	中3	高3
アメリカ	32.90%	50.90%
日本	13.10%	12.50%
シンガポール	10.80%	9.80%
オーストラリア	14.60%	7.10%
フランス	16.90%	7.10%
スペイン	0.00%	1.80%
フィリピン	0.00%	1.80%
イギリス	2.80%	0.90%
ニュージーランド	0.90%	0.00%
スイス	1.40%	0.00%
タイ	1.40%	0.00%
韓国	4.20%	0.00%
香港	0.90%	0.00%

している。また，日本やシンガポールの希望者は，中学生と高校生の間で変化はみられないが，いずれも1割近い希望者がいる。中学生と高校生の間の変化は，中学生で，オーストラリアやフランスなどの希望者が高校生になると半数近くに減っていることである。また，留学を希望する国の数が中学生では11ヵ国であっ

たものが，高校生では 8 ヵ国に減っている。実際に留学できる国の条件について高校生は次第に現実的な選択を考え始めている可能性がある。

（4）就きたい職業と職業観の比較
a）就きたい職業

　就きたい職業について比較した結果が表4.25である。中学生で多かった教員は大きく減少し，他方，会社員や公務員，建築関係，IT 関係などの仕事が増加している。就きたい職業についての自由記述を行わず，限られた選択肢での回答ではあったが，その項目間でも大きな変化がみられる。実際に就けそうな職業への選択希望が増えているといえる。大学を出てからの職業への展望が，高校生には見えてきている可能性がある。

　男女の比較では，高校になって，女性の公務員や医者の希望者が増え，男子に IT 関係希望者や建築関係希望者が増加している。会社員は，男女ともに増加している。

表4.25：性別にみた中 3・高 3 の就きたい職業内容

就きたい職業内容	中 3			高 3			差
	男	女	合計	男	女	合計	
会社員	13.1%	13.9%	13.6%	15.6%	19.5%	18.0%	4.4%
公務員	10.1%	4.8%	6.8%	17.8%	16.9%	17.2%	10.4%
医者	23.2%	13.9%	<u>17.4%</u>	6.7%	16.9%	<u>13.1%</u>	<u>−4.3%</u>
IT 関係	9.1%	6.1%	7.2%	17.8%	7.8%	11.5%	4.3%
建築関係	4.0%	1.8%	2.7%	20.0%	5.2%	10.7%	8.0%
銀行員	9.1%	11.5%	10.6%	8.9%	9.1%	9.0%	−1.6%
教師	17.2%	30.3%	<u>25.4%</u>	0.0%	11.7%	<u>7.4%</u>	<u>−18.0%</u>
看護師	0.0%	4.2%	2.7%	0.0%	2.6%	1.6%	−1.1%
作家	3.0%	1.8%	2.3%	0.0%	0.0%	0.0%	−2.3%
その他	11.1%	11.5%	11.4%	13.3%	10.4%	11.5%	0.1%

b）職業観

　中学生に比べて，高校生の職業の選択における現実的感覚の増加という変化は，その職業観にも表れていると考えられる。実際，図4.8に示したように，

第 4 章　カンボジアの後期中等教育における進路意識の形成　　127

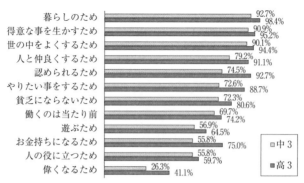

図4.8：中3と高3年生の職業に対する価値観（職業観）

職業に就きたい理由を尋ねた結果では、中学生、高校生に関わらず、9割近い生徒が「暮らしのため」、「得意なことを活かすため」、「世の中をよくするため」、と回答する一方、「認められるため」、「やりたいことをするため」といった理由が増加している。「貧乏にならないため」「お金持ちになるため」といった理由も増加している。

ただし、高校生のデータでは女子が多かったため、その影響もあるとみられる。そこで、男子だけのデータに絞って、中学生と高校生を比較した結果をみ

表4.26：職業観の比較（男子のみ）

職業観	中3	高3	差異
認められるため	69.5%	89.4%	19.9%
人と仲良くするため	79.0%	93.6%	14.6%
やりたい事をするため	68.6%	80.9%	12.3%
お金持ちになるため	55.2%	66.0%	10.8%
偉くなるため	21.9%	31.9%	10.0%
働くのは当たり前	69.5%	78.7%	9.2%
遊ぶため	55.2%	63.8%	8.6%
暮らしのため	89.5%	97.9%	8.4%
貧乏にならないため	72.4%	78.7%	6.3%
世の中をよくするため	92.4%	95.7%	3.3%
得意な事を生かすため	88.6%	91.5%	2.9%
人の役に立つため	58.1%	51.1%	−7.0%

た（表4.26）。その結果では，中学生と比べ，高校生では，「認められるため」，
「人と仲良くするため」，「やりたいことをするため」，「お金持ちになるため」，
「偉くなるため」が増加している。

（5）自己評価の比較

a) 好きな活動

　中3から高3に至るまでの段階で，その差異が大きいのは，「観察・実験を
する」のように，科学的な活動を好む傾向に加え，「人を笑わせる」，「パソコ
ンを使う」，「作文を書く」，「意見を述べる」，「人と話す」などである。これら
の5項目は，高校生に表現の欲求が高まっていることを示している（表4.27）。

表4.27：中3・高3年生の好きな活動の比較（高3の高い順）

好きな活動	中3	高3	差
観察・実験をする	37.1%	52.8%	15.7%
人を笑わせる	50.2%	61.6%	11.4%
パソコンを使う	54.5%	65.6%	11.1%
作文を書く	60.0%	69.6%	9.6%
意見を述べる	68.0%	76.8%	8.8%
人と話す	51.6%	60.0%	8.4%
テレビゲームをやる	60.7%	63.2%	2.5%
料理をする	57.5%	59.2%	1.7%
工作をする	28.0%	29.6%	1.6%
図書館で調べる	61.1%	62.4%	1.3%
歌う	62.9%	64.0%	1.1%
計算問題を解く	86.9%	84.8%	−2.1%
読書をする	97.1%	94.4%	−2.7%
楽器を演奏する	41.1%	37.6%	−3.5%
絵を描く	50.9%	45.6%	−5.3%
動物の世話をする	40.0%	34.4%	−5.6%
踊る	37.1%	31.2%	−5.9%
人の世話をする	68.7%	62.4%	−6.3%
スポーツをする	70.9%	64.0%	−6.9%

第4章 カンボジアの後期中等教育における進路意識の形成　　129

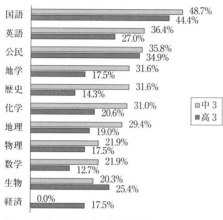

図4.9：中3と高3年生の得意な科目

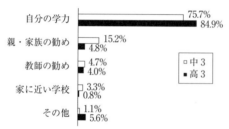

図4.10：中3と高3の進学際の重視点（判断基準）

b）得意な教科

得意な教科についての，中学生，高校生の比較を行ったのが，図4.9である。高校では，「経済」という科目が増えたため，回答の比率を直接比較するのは難しい。それでも科目全体でみれば，自己評価の高い項目が中学生に多い。生物のみが高校生に高い。高校になって，各科目の専門性が増してきたことも，自己評価が下がった原因のひとつとして考えられるが，その因果関係はここでは明らかにできない。

c）生徒の進学の判断基準

学校段階が高くなるにつれて，「自分の学力」を重視する生徒が多くなってくる。高校生になると，85％の生徒が自分の学力を基準に進学を判断するようになっているのである（図4.10）。

5　進路形成の要因分析

生徒の進路形成をどのような要因が規定するかについて，進学希望の要因分析を行った。要因分析の方法として，ここでは，進学希望を，大学までと大学院以上の2つのグループに分けて従属変数とした。

この進学希望については，これまでの分析の結果から，従属変数として，まずカテゴリー（1）から（5）のうち，①家庭の文化的背景（父親の学歴，勉

強部屋，参考書，パソコンの所有，蔵書冊数），②パソコンの利用経験，③就きたい職業内容，④自己評価（得意な科目の点数で高中低のグループ，self-evg），を独立変数として，さらに，高校段階では，男女別の相違が際立ってきたことから，性別を独立変数に加えて，判別分析を行ってみた。

その結果が表4.28である。

この結果から，大学と大学院の2つの進学希望グループを判別する要因として，性別要因が最も大きく，パソコンの利用経験と父親の学歴がそれに続いている。

しかし，これまで，小学校や中学校の時のように，学力に関する自己評価はまったく正反対の関係になっている。これは，学力の自己評価において，男性に比べ，女性の自己評価が全体に低かったこと（学力の自己評価の高グループでは，高いグループに所属する男性が43.5％，女性が24.7％）が関わっている。また，大学院進学を希望するグループにこうした低い自己評価を持つグループが含まれていることとも関係している。

また，進学の判断基準として，中学，高校になるに従い，自己の学力を判断基準とする生徒が増えてきたにも関わらず，父親の学歴の影響は残されていることがわかる。

表4.28：判断要因分析

構造行列	関数	標準化された正準判別関数係数	
			関数
性別	0.672	性別	0.557
selfevg	−0.505	父_学歴 Recode	0.331
PC 利用経験	0.365	個人部屋	0.08
父_学歴 Recode	0.352	参考書	−0.026
個人部屋	0.252	パソコン	−0.049
蔵書数2	0.248	蔵書数2	0.24
就きたい職業	0.244	PC 利用経験	0.364
パソコン	0.190	就きたい職業	0.215
参考書	0.165	selfevg	−0.51

性別の要因は，就きたい職業の内容にも関わっていた。すでに見たように，男性と女性では，その職業内容がそれぞれ大きく固定化される傾向にある。高校生になると，現実の職業における男女構成がこうした職業選択に影響すると考えられる。ただし，職業観の結果でみたように，女性の場合は，自分がやりたいことがやれるという職業観の比率が高かった。医者や教員といった職業は，こうした女性の進路が大きく開かれた職場としてみられつつある。

6　まとめ

（1）後期中等教育の進路形成の課題—研究結果からの考察

今回の調査では，家庭の文化的背景をみると，生徒の親が農家の比率が多い。それにも関わらず，高等教育への進学希望が高いし，海外への留学を希望する生徒も多い。そのため，親の職業は生徒の進路に影響を及ぼすとは言い難い。父親が農家の場合でも，その父親の学歴が大学以上の卒業者は13.5％である。2013年度の場合でも，大学在学者が13％であることを考えれば，父親の世代の学歴は高いとみられる。

生徒に「進学したいですか」また，「どこまで進学したいですか（進学段階）」と訊ねた結果，高等教育へ進学希望をする生徒が9割弱を占め，特に大学院まで進学したい女子生徒は半数を越える。その理由は，将来就きたい職業と関連がある。

有意な差ではないが進路希望や留学希望のいずれでも女性が大きく，そして就きたい職業における男女差も明確になってきており，要因分析の結果からも，性別要因が強く働いていた。

中学生との比較を行った結果では，親の学歴が高校生ほど高い。教育資産では，携帯電話やパソコンの所有者が増えている。ただ，パソコンの所有者は増えたといっても高校生の場合，3割にすぎない。パソコンの利用経験のある生徒の比率は，高校生になると倍以上に増えている。

進学希望では，大学院希望者が増加している。留学希望は減少していないが，希望の国の数が減少していた。

就きたい職業内容は，教員が減り，他方，会社員や公務員，建築関係，IT関係などの仕事が増加した。職業に対する価値観に大きな変化はみられないようだが，「認められるため」，「人と仲良くするため」，「やりたいことをするため」，「お金持ちになるため」，「偉くなるため」が増加した。

自己評価に関して比較した結果では，高校生に表現的な活動への嗜好が増していた。科目に関わる自己評価では，全体に低くなる傾向があった。進学の判断基準は，自分の学力とする生徒の比率がさらに増した。

（2）後期中等教育の進路形成の研究課題

小学校，中学校と同様に，高校においても，ライフスキル・プログラムのように直接的にその職業スキルが得られるプログラムや，職業ガイダンスのような直接的教材を除き，生徒の進路形成について長期的展望の視点に立ったキャリア教育の目標は，政策文書の中にみられない。これまでの章において，ライフスキルについて述べたが，それは教育を長い目で保護者に理解してもらうための政策のひとつであった。

生徒の生涯にわたる進路形成意識やその質的向上を図るためには，日本や米国のようなキャリア教育のカリキュラムやそのための政策研究，理論研究が今後のカンボジアにおいて必要になってくる。とりわけ，近年注目されている労働市場と教育の Mismatching-Skill 問題への対策としては，適切な人材養成，人材配置を行うことがこれまでの諸国の理論研究で明らかにされている。

本調査は，高校までの実態しか明らかにしえなかったが，職業専門学校の研究，大学から労働市場への移行研究，国際化に応じた中等教育制度とプログラムの問題など，キャリア教育の視点に立った研究がさらに必要とされるだろう。

（3）後期中等教育の政策上の課題

カンボジアでは，高校3年生の最後に国家試験という制度が実践される。国

家試験を行う主な理由としては，生徒の知識の質を高度に維持するためである。小学校から高校3年生までは国立学校の場合無償だが，中学校でも高校でも，受験勉強のために個々の生徒が自費で extra class に通わなければならない。この経済的要因は，その影響度に関する証拠はないが，途中退学者の増加につながるひとつの要因となっている。

　カンボジアの学校制度は，小学校と中学校，高校を通じて，いまだに午前，午後の2部制を採用している。例えば，午前中のシフトでは，午前中（7時から11時）に学校の授業がある。午前中に授業を受けた児童・生徒は，午後に私費で受験勉強として extra class に通う。補足授業の先生はその多くが学校の先生であり，副業として授業料や教材費を徴収している。

　また，カンボジアの学校カリキュラムでは，体育時間そのものはあるが，教員不足のため，日本のような多様な部活動は存在していない。部活動が存在していないのだが，本研究の調査結果では，児童や生徒が好きな活動として「スポーツ」64％，「楽器を演奏する」38％，「踊る」37％といった活動がみられる。実際にこのような活動が行える場があれば，子どもたちの文化や自然，社会の体験活動が豊かになることは間違いない。知識だけではなく，こうした豊かな体験活動を増やすことが，子どもたちの人間としての力，そして将来のカンボジアを背負う貴重な人材としての能力を高めるはずである。

　教員の問題においては，2015—2016年の教員統計では，中等教育段階の25,000人の教員の内大学卒の教員はわずか13,000人である。それに，教員の給与の問題は，その少なさの結果，多くの教員が複数職業を持つことになり，教育への専念が疎かになりかねない。また，中等教育の質の向上を図るためには，ICT学習のための環境整備を行うとともに，その教育を支える教員の質の向上が図られなければならない。

　この点については次章で論じる。

　今後，カンボジアの教育をより良い特質を生み出すために，以上の問題を考慮する必要がある。

参考文献

コン・エン，(2016)，「カンボジアの前期中等教育における進路形成に関する実証的
　　考察～農村部（カンダル州）の初等教育レベルとの比較を中心に～」

Ministry of Education Youth and Sports（MoEYS）Cambodia（2004）"Policy For
　　Curriculum Development 2005-2009"

MoEYS, (2011), *Education Statistics & Indicators 2010-2011*

MoEYS, (2012), *Education Statistics & Indicators 2011-2012*

MoEYS, (2013), *Education Statistics & Indicators 2012-2013*

MoEYS, (2014a), *Education Statistics & Indicators 2013-2014*

MoEYS, (2014b),*Instruction on Examination Preparation at Public Secondary Edu-
　　cation Institutions For Academic Year 2014-2015*

MoEYS, (2014c), *Education Strategic Plan 2014-2018, p14*

MoEYS, (2015), *Education Statistics & Indicators 2014-2015*

MoEYS, (2016), *Genernal Secondary Education* http://www.moeys.gov.kh/en/
　　general-secondary-education.html#.WFHveHdh3rk, (2016年10月取得)

Tapas R. Dash, (2015), *2015 ASAIHL CONFERENCE 2-4 December 2015 Siem
　　Reap, Cambodia*

第5章

カンボジアの学校教員養成
～教員養成センター政策を中心として～

1　はじめに―カンボジアの学校教員政策の背景

　1975年から1979年までにわたるポル・ポト政権のカンボジア支配により，わずか3年間でおよそ170万人のカンボジア人が殺害された。犠牲者は子ども，女性から僧侶など社会的に高い地位の人々など多様であった。当時の政権の下では，知的な職業人が政敵とされ，その後のカンボジアの教育史に大きな傷痕を残した。近年の政府の推測によると，教員の75%，大学生の96%，小学生・中学生の67%が犠牲となり，教育の人材だけではなく，教材をはじめ多くの学校設備も破壊された[注1]。1975年の学校教員は21,000人いたが，1979年にはわずか3,000人しか生き残っていないとされる[注2]。こうした背景の中で，カンボジア政府は，1980年代になって急速な教育発展を目指し，多くの教員を確保する必要に迫られた。教員資格の有無にかかわらず，1979年に生き残ったわずかに読み書き程度ができる人々も学校教員として採用したのである。この影響は現在まで続き，十分な教員養成課程を経ていない教員が未だ教鞭をとる状況が残っている[注3]。

　本章は，現在のカンボジアにおける学校教員養成の現状を教育省とワールドバンクの統計的資料を基に考察する。特に，ワールドバンクのレポートは，カンボジアの小学校教員と中学校教員の養成施設である教員養成センター（Teacher Training Center, TTC）について実証的な根拠に基づき詳述してい

る。また高校教員については，カンボジア国立教育研究所（National Institute of Education, NIE）がその養成にあたっているが，本章では小学校・中学校教員についての考察を行うため今後の課題とする。

　本章では，第1に統計からみた教員養成の現状，第2に教育省の教員養成政策，第3に教員養成の制度，第4に教員の質の向上をめざして，ワールドバンクのレポートを中心に，教員養成の現状を考察する。

　これまでカンボジアの初等教育，中等教育について筆者が考察した論文では，初等教育，中等教育において，教員には大きな課題があることを指摘してきた。特に，教員という職業はその重要性にも関わらず，低い賃金しか提供されておらず，カンボジアでは一般に軽視される現状にある。しかし，カンダル州の中学生を対象とした職業選択に関わる調査結果によると，学校教員になりたいと考える生徒は多く，一般的な教員のイメージとは乖離している。そこでカンボジアの教育の実態を探る上で，教員問題についての考察は不可欠となってきた。

　教員養成の考察を行うもうひとつの理由は，国際的な教育の動向の中でOECDの各種のレポートでも指摘されているように，学校教育の発展にとって，教員の質の向上は非常に重要で不可欠な要件とされているからである。今後の教育の急速な発展をカンボジアが図るためには，教員の重要性の認識と，教員養成制度の問題は他国以上に重要な課題となってくる。

　本章はこの問題意識に基づき，カンボジアにおける現実の教員の状況はどのようになっているか，その養成が実際にはどのように制度の下で行われているかについて，基本的な文献資料から統計的，制度的な側面をまずは明らかにしようとするものである。

2　カンボジアの教員養成の現状

（1）統計からみた教員養成の現状

　教育省が2015年に発表した統計データの中，カンボジア全国の教員（事務教

員を含む）が，107,395人，そのうち，幼・小・中・高校教員は89,151人（全国教員の83％）である。約9万人の教員の内訳は，4,839人が就学前教育，44,292人が小学校教員，27,793人が中学校教員，12,227人が高校教員である（図5.1）。

小学生数は2015年で約200万人，中学生数は約60万人であるから，教員一人あたりの生徒数は，小学校教員で約45人，中学校教員で約20人強となる。ただし，小学生の進学率が向上していく将来には，中学校教員の負担はもっと大きくなると予想される。

教員の学歴をみると，約9万人の教員の内，小学校卒の教員が1,550人（1.7％），中学校卒が22,910人（25.7％），高校卒が49,717人（55.8％），大学卒が14,212人（15.9％），修士課程卒が757人（0.8％），博士号取得者が5人となっている（MoEYS, 2015）。教員の学歴に

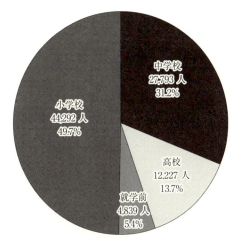

図5.1：各教育段階で教える教員数（MoEYS, 2015）

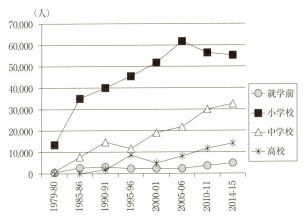

図5.2：年毎の各教育段階における教員数の変化（MoEYS, 2015）

第5章 カンボジアの学校教員養成　　139

占める中学校卒業者，高校卒業者の割合は8割を占めており，今後の教育の高度化を考えた場合，まだまだ教員の高学歴化を図っていく必要がある。しかし，そのためにも職業としての教員の魅力が十分あるかといえば，それが不足しており，この点についても後述する。

　カンボジアでは，教員数が不足している中で一時的に多くの非常勤教員（Contract Teacher）を導入する政策をとった。非常勤教員制度の導入以前に，まず「指名教員」（Appointed Teacher）制度が導入された。その背景として，2つの出来事がきっかけとなった。第1に，ポル・ポト時代に多数の教員が殺されたり，他国に移住したりという理由である。1979年頃多数の教員が失われ，教育が再開された1979年には教員不足の問題にカンボジアは直面した。この問題解決のため，政府は学歴を問わずにまずは読み書き程度ができる人々を学校教員として採用した。これらの教員は，「指名教員」と呼ばれる。その後，指名教員の学歴の低さが問題となり，政府はこの制度を停止した。だが，1990年代中頃に，児童・生徒人口の増加に応じて再び教員不足の問題に直面したカンボジアは，指名教員制度を再度導入した。この指名教員制度は，ユネスコによって「非常勤教員制度」として報告されている（R. Greeves et al, 2005）。2001年に非常勤教員は最大数となった。その数は4,214人となり，全国の教員数の約1割を占めた[注4]。しかし，非常勤教員は，教員研修の充実の中で短期研修を終えた教員数の増加に伴い，減少傾向にある。2003年の時点でその平均は10%を切ったが地域によりその雇用状況は異なっている[注5]。

（2）教育省の教員養成政策

　教員は，国や地域の人材を育てるのに重要な役割を果たしている。このことに関しては国際社会でも認められつつある。カンボジア政府もまた，同国の発展のため人材育成を優先的に考えた。優秀な人材を作り出すには，優れた教員の養成が必要となる。したがって，2013年の教員政策は，こうした教員の価値観や資質の向上に向けて行われた。以下に，その概要を紹介する。

①教員養成のビジョン

教師という職業が社会に認められるようになるためには，優れた教員を養成するというビジョンが重要となる。このビジョンの達成のために，以下の目標が設定された。

②目標

教職の行動規範に沿って，教員の専門的な知識や職業に対する責任感を高めるために，教員養成を促進すること，を目標としている。

2015年における教員養成について，教育省は3つの目標を立てた（MoEYS, 2015）。

第1は，教育の改善という社会的課題に答えるために，優れた教員を社会に提供することである。この第1の目標を達成させるために，教員養成センター（TTC）の管理者，指導者，校長先生と教育省のスタッフ自身のスキルやコンピテンシーを高めながら，優れた教員を養成する。教員養成を行うスタッフ自体の養成である。

第2は，遠隔地域や不利益層が要求する教員を提供できるように，TTCとNIEに受け入れる新教員の人数を十分に確保する。養成後の受け皿の確保である。

第3は，教員の指導法を高めるため，現職研修の機会を提供することによって，教員のスキルやコンピテンシーを向上する。研修プログラムの開発である。

上記の目標を達成するための「教育の質の向上プロジェクト」（Enhancing Education Quality Project）の目標を，以下の3つとする。

1．教育システムマネジメントとその発展

2．教員の専門性の開発

3．中等教員の強化

特に，第2の目標である「教員の専門性の開発」については，以下のような結果が期待される。そこで求められる結果とは，

1．教員養成施設のマネジメント能力の向上

2．TTCのITを含めた設備の充実

3．前期中等教育と後期中等教育における研修者における，女性や不利益層の優先的研修

4．前段階としての教員養成者のスキルとコンピテンシーの改善

5．中等教員のスキルとコンピテンシーの向上

6．教員養成へのマルチメディア法の導入

③目的

教員養成政策は，4つの目的を持っている。

1．優れた教員人材を教職のために確保すること

2．初任者研修の質的向上を図ること

3．在職期間中に研修を受講すること

4．効果と充分な成果を生み出すために必要な環境条件を確保すること

④新たな政策

まず，優れた教員人材が教職に就けるようにするためにも，教育省は，①教員の生活を高め，②教員のスキルや知識を向上させるように，継続的研修を受講させ，③教員の採用条件や判断となる基準を改善し，④国内のニーズや国際基準と競争できるように，教員養成カリキュラムを改善する政策を行うこととした。

そこで優れた教員人材の確保のため，特に教職への魅力を高めるため，教育省は，短期計画として高校3年目の国家試験でA，B，とCの成績を持つ生徒が教員養成校に入学できる制度の計画を立てた。実際，新しい教員の採用と研修に，毎年およそ5,000人が参加する。ところが，それと同時に毎年，平均的に2,000人の教員が，教職を完全に離れることが重要な課題となっている[注6]。

3　教員養成センターの制度

（1）教員養成センター（TTC）の概要

1980年代はカンボジアが内戦を終えた時代であり，教育養成は短期間で行わ

れており，就学前と初等教育の教員だけがその対象とされた。1982年に入ってから，州教員養成センター（Provincial Teacher Training Center, PTTC）が，より正式なカリキュラムを伴って開校された。教員養成の期間は，短期から1年間の初期研修に延長された。当時のPTTCはカンボジアの王立プノンペン大学内で，前期中等教員に向けて行われた。1990年では，1年間のコースが2年間にまで伸ばされた。

この教員養成センター（TTC）は，4つの段階で教員を養成している。①就学前レベルは就学前教員養成センター（Preschool Teacher Training Center, PSTTC），②初等教育レベルは初等教員養成センター（PTTC），③前期中等教育レベルは地域教員養成センター（Regional Teacher Training Center, RTTC）である。これらの段階に加えて，④後期中等教育レベルの教員養成は，国立教育施設（National Institute of Education, NIE）で行われる。

現在，カンボジア全国には，26の教員養成センターが存在する。2012年では，7,322人の受講生が研修を受けた。研修料は無償で，さらに毎月受講生が9,000Riel の生活費を支給される（およそ2.25＄，1 US ドルは4,000Riel 相当）（Prateek. & Tsuyoshi, 2015）。

教員養成センターに入学する条件は，学校の教育修了段階によって異なる。

1．PSTTC と PTTC への入学資格として，受験者は後期中等卒業者であることが求められる（12 + 2）。しかし，後期中等教育卒業者がいない地域の場合は，前期中等教育卒業者でも入学できる（9 + 2）。研修期間はPSTTC と PPTC，どちらも2年を必要とする。

2．RTTC に入学するためには，受講生は必ず後期中等教育卒業が条件とされる。また，研修期間はPSTTC と PTTC と同じように，2年間を要する（12 + 2）。

3．NIE，つまり，高校教員養成の場合，受講生は大学卒業を必要要件とし，さらに1年間の研修が行われる（大学 + 1）。

（2） Riel は，カンボジアの通貨である。大抵1 US ドル＝4,000Riel

表5.1：TTCの人口

州	教員志望生数		教官数
	12＋2 プログラム	9＋2 プログラム	
PTTC	1,183	784	327
Banteay Meanchey	29	79	15
Battambong	50	145	33
Kampong Cham	58	100	30
Kampong Chhang	79	—	14
Kampong Speu	76	—	19
Kampong Thom	68	41	15
Kampot	90	—	19
Kandal	115	4	22
Kratie	74	—	12
Phnom Penh	27	40	31
Preah Vihear	—	84	10
Prey Veng	131	—	22
Pursat	58	—	21
Siem Reap	99	132	29
Sihanouk	50	—	10
Steung Treng	—	159	18
Svay Rieng	60	—	10
Takeo	119	—	17
RTTC	1,402	—	224
Battambang	343	—	41
Kampong Cham	232	—	41
Kandal	245	—	44
Phnom Penh	218	—	42
Prey Veng	178	—	27
Takeo	186	—	29

こうした教員養成プログラムの質的向上のためには，明確な法的根拠が必要とされるが，それは未だにカンボジア教育の課題となっている。教育の戦略計画2014—2018によると，教員の研修要件が2020年までに12＋2から12＋4に改善することによって教員養成の質を向上し，ASEANの国々の質と基準に合わせることを目標として掲げている。

（2）TTCの入学プロセス

それぞれの教員養成センターへの申し込み手続きであるが，PSTTC，PTTC，RTTCに入学したい中学校3年と高校3年生は，毎年の7月の最終週に申込書を州教育局に申請する。TTCの入学試験は，10月の中旬に行われる。TTCの入学試験の前に，7月の上旬に国家試験がある。つまり，TTCに入学するには，2回の試験を受ける必要がある。合格した生徒は，11月1日からTTCでの授業に参加できる。

（3）TTCの教育内容と方法

　カンボジアの教員スタンダードとしては，「優れた教員の条件とは何か」
（What makes a good teacher）と題された文章があり，そこには，いっそう
専門的な職業としての教授法を学ぶ段階が示されている（World Bank, 2015,
p.47）。そこに示された4つの領域は，専門的知識，専門的実践，専門的学習，
そして専門的倫理である。

　また，教育のためのTTCの設備として，図書館や実験室などが設置されて
いる。TTCにもインターネット環境が設置されているが，その設置数は少な
く，半分の教員志望生しか利用できない状況にある。RTTCでは，PTTCと
同様に，パソコン，図書館，実験室が置かれている。しかし，TTCでは，テ
クノロジーの利用率が低い。TTCの教官採用の条件にはICT能力が62％しか
含まれておらず，テクノロジーを教える力を持つ教官数が少ない状況にある。
RTTCでは，PTTCよりテクノロジーを利用し，実験も行われる。

4　教員の質の向上をめざして―ワールドバンクレポートを中心に

　2015年，ワールドバンクは，「次世代への教育」"Educating the Next Gen-
eration" と題するレポートを刊行した。そこには，カンボジアにおける教員養
成の問題が詳細に取り上げられている。この報告書の目的は，カンボジアにお
ける教員状況の改善にある。カンボジアの経済発展にとって教育の向上が重要
であり，そのために教員の重要性を指摘しながら，何がカンボジアの教員の質
の向上を妨げているかを明らかにしようとしている。約150人の校長，676人の
教員，284の教室，534人の教育委員会代表へのインタビューに基づきながら，
689人の教員対象の数学及び教育学の専門知識調査を行った結果から，エビデ
ンスに基づく報告を行った。

　調査研究の枠組みは，教員の魅力，養成，配置，評価の4つの教員キャリア
段階を踏んで構成されている。したがって，第1章では，カンボジアの教職の

魅力の課題，第2章では教育養成システムの課題，第3章では教員配置の課題，第4章では教員評価の課題が展開されている。

第1章で指摘される課題は，優れた生徒が教職に興味を持っていないことである。

カンボジアでは，中学校3年と高校3年の終わりに国家試験がある。国家試験に合格した中学生は，高校に進級する資格を得る。高校生は，大学の入学権利を得るために国家試験を受験する。国家試験の評価は，AからEまでに分かれる。Aが一番高い評価，そしてEが一番低い評価である。

ところが，TTCに入学する多くの生徒が，C〜Dの間の評価の生徒である。また，TTCへの入学は，それほど難しくないと言う生徒が少なくない。

教職が，優秀な生徒にとって魅力がない職業となる理由のひとつは，教員の給与にある。他の職業と比べて，教員の給与が低い。

教職とその他の職業の月額を比較してみれば，都市部の教員が60万Riel（およそ150USドル，1USドル＝4,000Rielと計算した場合）であるに対して，他の職業の月額は75万Rielである。家庭を持つ教員は，他の職業と比べて，貧しい生活状況に置かれている。

同じ地域の国々であるタイとベトナムと比べた結果も示され，カンボジアの教員は，最も低い給与になっている（表5.2）。カンボジアの教員が他の職業の66％の収入しか得られないのに対して，ベトナムは88％，タイは144％となる。3ヶ国の中で，タイの教員が最も高い給与を得て，タイ国内でも教職の収入は他の職業より高い（WorldBank, 2015, Annexより作成）。

表5.2：教職とその他の職業の平均月額（単位：USドル）

年	カンボジア		タイ		ベトナム	
	教職	その他の職業	教職	その他の職業	教職	その他の職業
2007	75	139	485	340	—	—
2008	85	152	542	364	—	—
2009	83	139	518	358	148	151
2010	101	177	565	408	151	171
2011	110	184	632	440	167	190

学校の成績という教育的評価の低さに加え，給与という経済的要因において
も，カンボジアは，教職に優れた人材を引っ張る魅力に乏しい状況に置かれて
いることが明らかであろう。

　では，そのような経済条件があるにも関わらず，なぜ教員を目指す生徒たち
がいるのだろうか。アンケートの結果によれば，RTTC でも PTTC でも，第
1 位が仕事の重要性，第 2 位が教えることが好きだから，第 3 位に仕事の安定
性，第 4 位に社会的尊敬があげられ，給与はそれ以下の順位となっている。教
員という仕事の安定性や教育の機会，使命感が教職の魅力となっているのであ
る。

　報告書の第 2 章では，教員養成システム，すなわち教育養成センターの課題
が考察される。

　TTC の教官の平均年齢は，36歳で既婚者。70％の TTC 教官は，元教師で
あり，10％が元学校長，15％がその他の職業。また，多数の TTC 教官は，高
校以上の教育を受けている。RTTC の教官は，PTTC よりさらに高い教育を
受けている。

　TTC への入学は，前述したように，中学校か，高校の修了のための国家試
験の合格者を前提としている。さらに，少数民族，地方の不利益者層には加点
が与えられる。この教員養成センターにおける養成プログラムは，教員スタン
ダードが重要となっているにも関わらず，教員スタンダードについて，知らな
い教官も教員生徒も多い。教官を対象とした調査では，教員スタンダードにつ
いて気づいていると回答したものは，PTTC で53.3％，RTTC で33.3％となっ
ている。また受講者の場合，RTTC では10％未満，PTTC では25％未満しか
教員スタンダードについて知らない。

　養成センターの授業時間（約 1 時間）では，講義の時間が半数を占め，グ
ループワークは 2 割弱しか行われず，生徒主体の学習ではなく，どちらかとい
えば昔の指導法が未だに利用されている。ほとんどの教官は受講者がその内容
を学んでいると説明するが，授業の質についての評価を問うことはないとされ
ている。そのため，いっそうの教員スタンダードの普及と浸透が求められてい

第 5 章 カンボジアの学校教員養成　　147

る。

　第3章の教員配置では，2年間の養成研修を終えた修了者をどの地域に配置するかが問われている。実際には，各州や各地域の教育委員会，そして個人的な学校との交渉の過程で半数の教員は決定していくが，国家試験の得点とセンターでの成績が配置の重要な決定因となっている。採用される教員の場合，自宅からの距離，居住区であるかどうかが自分の就職先を決める条件としている。

　第4章及び第5章では，教員の評価としての給与の問題と教員能力の問題が検討されている。特にカンボジアでは，先行論文で指摘してきたように，教員の副業，アルバイトの問題がある。実際には，教員の半数が副業を持っているが，都市部では25％，農村部では7割弱の教員というように，地域によってその比率は異なっている。特に農村部の場合は，副業といっても8割の教員が農家を兼業としており，都市部の教員の場合は多様な職業に就いている。こうした教員の副業の状況は，教員同士のコミュニケーションの不足という問題をもたらしている。副業の多忙さのために，本業である教員同士の対話を毎日行う教員は10％に過ぎないからである。

　本報告では，最初にカンボジアにおける教員の課題を3つにまとめている。第1に，教員の魅力の向上，第2に，学習者中心の教授法への移行，第3に，教員同士の共同学習による教室の現実を活用した教員能力の向上である。

5　まとめ

　教職は国の発展にとって，重要な職業であるとされる。特に，ポル・ポト時代を経験したカンボジアは，優秀な教員の確保が重要な課題である。しかし，残念なことに，教職は，カンボジアにおいて優秀な人材にとって魅力的な職業とはいえない現状にある。特に，TTC に入学する多数の受講生は，後期中等教育の国家試験で低い成績しか納めないものが多く，優秀な教員人材の確保が難しい状況にある。

教員は，生徒にとって，家族という社会の外部で教育を与える重要な役割を担っている。生徒にとって，家庭とともに人生の長い時間を過ごす場所は学校であろう。その点はカンボジアでも例外ではなく，教員は，生徒の人間的な発達だけでなく，進学や進路の形成に影響を及ぼす重要な存在である。カンボジアのデータによれば，優秀な教員の下で習った生徒ほど，進級の確率が1.5倍になるという結果がある。

　カンボジアでは，12年間の学校教育を受けた生徒であれば，教員になるために，教員養成センターに入学する権利がある（1998年以降）。つまり，高校を卒業した生徒がその対象となる。しかし，地域によっては，中学校を卒業した生徒でも受け入れる場合がある。日本の教員養成制度では，大学に教職課程が置かれているが，そのような課程は大学にないという点が日本の制度と大きく違う。高校教員のようないっそう専門的な教員の場合は，NIEのような専門機関で養成されているが，小学校，中学校の教員の多くは，高校卒業者でもなれるという状況にある。

　就学前教育の教員，小学校・中学校の教員を目指す生徒が，それぞれPSTTC，PTTC，RTTCで2年間の研修を受ける。そこで，教員になるために必要な専門的知識と指導法を学ぶ。一方，高校教育の教員を目指す生徒の場合は，大学卒業が条件とされ，NIEで1年間の研修を受ける。要するに，カンボジアにおいて，教員になるためには，最低限の12年間の学校教育を受けた人であることと，1年か2年間の研修を受ければ，教員という資格を得ることができるのである。ただし，研修の修了時に，研修生は試験を受ける必要がある。その採点と評価は，教育省が担当する。研修後の派遣校に関しては，既述したように研修生は出身地の学校から選択できる権利を持つ[注7]。

　カンボジアにおける教員養成について，本稿では文献研究を中心とした考察を行ってきた。内戦が終わった頃と比べ，教員の質の向上は，TTCの現状改革を中心に改善が進められてきた。東南アジア地域の国々と比較すれば，その現状は，まったく満足できるものでは決してない。カンボジアの教育の質の向上のためには，今後さらに教員のコンピテンシーを高めていく必要がある。そ

の方向を目指した政策を進めるためにも，教員のコンピテンシー向上を目指した実践と研究が今後の課題とされる。

注

（1）Bevenist（2008）"Teaching in Cambodia" The World Bank and Ministry of Education, Youth and Sport, Royal Government of Cambodia

（2）Sam Rany,（2012）"Cambodia's Higher Education Development in Historical Perspectives 1863-2012"

（3）Chin Chankea（2014）"Challenges of Cambodian Teachers in Contributing to Human and Social Development: Are They Well-Trained?"International Journal of Social Science and Humanity, Vol. 4, No.5

（4）R. Greeves, K. Bredenberg（2005）"Contract teachers in Cambodia" IIEP Paris, p.22

（5）Ministry of Education, Youth and Sport, Cambodia.（2013）"Teacher Policy"

（6）注 4 と同様

（7）注 4 と同様（p.63）

参考文献

Prateek Tandon and Tsuyoshi Fukao, (2015), *Educating the Next Generation, improving teacher quality in Cambodia*

MoEYS, (2015), *Education Indicator & statistics 2014-2015*

MoEYS, (2014), *Education Strategic Plan 2014-2018*

山口　拓, (2012), 「カンボジアにおける教育政策に関する一考察：体育科教育の普及課題」

コンエン, (2015), 「カンボジアの初等教育の現状と特色に関する考察―ポル・ポト政権後の発展とライフスキル政策―」

第6章

カンボジアにおける教育制度と進路形成の教育的課題

1　カンボジアの教育制度の特色と課題

（1）学校段階別の考察

①カンボジアの初等教育における課題

　第1章では，カンボジアの初等教育の課題について，「2005—2009年カリキュラム開発方策」を中心に考察し，現状と教育内容・方法についてまとめた。

　政策の現状については，①教育費の問題として，教育に対する政府支出があまりに少ない点（GDP の2.6%）を指摘し，教育支出の増大が重要な課題であることを指摘した。②教育のための人材育成，特に教員の人材育成の重要性を指摘した。内戦の影響により，知的人材を失ったカンボジアは，全ての学校段階で優秀な人材育成が必要とされる。

　教育の内容や方法については，①カリキュラムの内容として，まず授業時間の不足を挙げた。小学校が半日制度で行われ，年間500時間程度しかない。そのためカリキュラム方策に書かれた美術，音楽，保健体育などが実際には行われていない。さらに，教材の不足やＩＣＴ環境の未整備など教育費の不足が学習環境の問題に響いている。②児童の学力の問題としては，基礎教育の充実，初等教育からの児童の学力の強化，とりわけ，国語のクメール語の完全習得の必要性を論じた。さらに，グローバル社会の中で，英語教育の導入が将来的には図られる必要があるとした。③カンボジアのカリキュラムで特徴的な「ライ

153

フスキル」の課題である。ここでの共通課題は、「教師・生徒に提供するモジュールの不足」に加え、ライフスキル・プログラムの持つ生徒にとっての重要性の認識がスタッフに足りないという点である。

さらに、第2章では、初等教育の地域間比較について検討したが、そこでは、ライフスキル・プログラムの検討の中で、2つの地域の産業構成の大きなギャップをとりあげるとともに、キャリア教育面での重要な課題のひとつとして、スキルのミスマッチ（Mismatching Skills）問題があることを論じた。教育の進展に伴って高度化する労働者のスキルと、実際のカンボジアで必要とされる労働市場のスキルが合わないという状況である。調査の過程で、学校教員からライフスキルやキャリア教育の実施について尋ねた結果では、実際にはキャリアガイダンス、あるいはキャリア発達に関する相談の場さえ、学校現場ではほとんど設置されていない状況にあり、キャリアの選択にあたって多くの児童は進路が見えず、現実社会とのキャリアバランスが不均等な状況にあることがわかった。確かに、地域のライフスキル・プログラムは児童の実際生活に即した学習を行う機会提供の可能性がある。しかし、カンボジア社会の将来像の中で、10年、20年後の職業がどうなるのかを考える機会とはなりにくい。児童は、将来に向けて自分自身の好みや才能を考え、伸ばす機会もなく、現在の労働市場のニーズに基づいて仕事を選択する状況に置かれている。この問題を解決するためにも、児童たちに早期からの進路形成の機会を提供し、職業情報を各学校に提供できるようなキャリア教育政策の構築が求められる。

②前期中等教育における政策上の課題

第3章では、調査結果の内容を踏まえながらも、前期中等教育の制度的課題として、次のような点を指摘した。第1に、中学校におけるキャリア教育としての進路指導の保障である。調査地域では進路指導の機会が十分に提供されていなかったが、これは、カンボジア全域でも同様の状況にある。中学校段階は、生徒にとって初等教育以上にキャリア形成にとって重要な時期である。実際、調査結果では、小学校と比べて、就きたい職業があるという回答率は、中学生に高かった。中学校では、小学校以上に教育課程として進路指導を位置づけ、

進学と就職を視野に入れたキャリア教育の導入の必要性があると考えた。その理由としては，中学校修了時における国家試験に落ちた生徒への補償，たとえば別の進学や職業機会の提供など生徒の希望へのアスピレーションが低下しないようなキャリア支援策が必要なのである。中学校においてはまだ不十分なカンボジアにおけるＩＣＴ教育の普及が職業情報や進路情報の提供にも効果を持つことが期待される。

　第２に，家庭の文化的背景の相違を超えた教育の公共サービスの充実である。中学校では小学校ほどでないにしろ，親の職業や学歴を含む家庭の文化的背景に応じた教育制度の整備が重要と考えられる。ユネスコが提唱する「万人のための教育」を保障する教育政策が，カンボジア全体の発展にとって必要不可欠なのである。

③後期中等教育における政策上の課題

　第４章で検討した政策上の課題としては，主に次のようなものがある。

　第１は，国家試験である。高校３年生の最後に国家試験が行われる主な理由は，生徒の知識の質を高度に維持するためである。高校３年生まで国立学校の授業料は無償だが，中学校でも高校でも，個々の生徒が自費で受験勉強のための補習授業に通わなければならない。この経済的要因は，途中退学者の増加につながるひとつの要因となっているとみられる。補習授業の先生はその多くが学校の先生であり，副業として授業料や教材費を徴収している。

　第２に，教員の問題がある。2015—2016年の教員統計では，中等教育段階の25,000人の教員の内大学卒の教員はわずか13,000人であり，高い学歴の教員が少ない。それに，教員の給与の問題は，多くの教員が複数の職業を持つことにつながっている。中等教育の質の向上を図るためには，ＩＣＴ学習のための環境整備を行うとともに，その教育を支える教員の質の向上が図られなければならない。

　最後に，カリキュラムの多様性である。カンボジアの学校カリキュラムでは，体育時間そのものはあるが，教員不足のため，日本のような多様な部活動は存在していない。部活動が存在していないにもかかわらず，本研究の調査結果で

第６章　カンボジアにおける教育制度と進路形成の教育的課題　　155

は児童や生徒が好きな活動として「スポーツ」64％，「楽器を演奏する」38％，「踊る」37％などへの回答率が高かった。実際にこのような活動が行える場があれば，子どもたちの文化や自然，社会の体験活動が豊かになることは間違いない。知識だけではなく，こうした豊かな体験活動を増やすことが，子どもたちの人間としての力，そして将来のカンボジアを背負う貴重な人材としての能力を高めるはずである。

④教員の問題

第5章では，教員の養成について検討した。教員は，国とその教育の発展にとって重要な職業である。ポル・ポト時代に多くの教員を失ったカンボジアにとって，各学校段階への優秀な教員の養成と補充は急務であった。

だが残念なことに，カンボジアにおいて教職は，優秀な人材にとっての魅力的な職業とはいえない現状にある。その理由のひとつが給与であり，もうひとつが社会的評価である。

教員給与が低く，TTCに入学する多数の受講生は，後期中等教育の国家試験で低い成績にあるものが多いため，優れた人材が育てられていない。しかし，データによれば，優秀な教員の下で習った生徒ほど，1.5倍の進級の確率が得られるという結果がある。

この教員給与の低さは，教員の副業の増加と関わっている。中学校や高校では，生徒たちの多くが国家試験を受けるために，学校での授業終了後の補習授業に授業料を払っている。その授業料や教材費が，教員の副収入となる。このことが，生徒の家庭の経済的条件によって進学できるかどうかという問題と関係しているのである。

第2の社会的評価という点では，教員の平均的な学歴の低さが問題となる。カンボジアでは，教員になるために，一般的に12年間の学校教育を受けた生徒であれば，教員養成校に入学する権利がある。高校卒業生がその対象となる。そして1年か2年間の研修を受ければ，教員という資格が得られる。また，高校教員のようないっそう専門的な教員の場合は，NIEのような専門機関で養成されている。しかし，地域によっては，中学校を卒業した生徒でも受け入れ

る場合がある。日本の教員養成制度では，大学に教職課程が置かれているが，そのような課程は大学にないという点が日本の制度との大きな違いである。

（２）児童・生徒の進路形成における共通の課題

　教員の問題も各学校段階における共通の課題であるが，教育制度と統計の考察から，同時に次の３点についても今後の政策課題として指摘しておきたい。

①途中退学

　まず第１に，児童・生徒の進路形成において，カンボジアの場合その脱落率を減少させることが大きな課題であった。表6.1は，近年の各学校段階における脱落率の比率の変化を示した。初等教育の脱落率は，近年大きく減少している一方で，前期中等教育の比率はほぼ横ばいの状況にある。また，後期中等教育もまたわずかではあるが，減少の傾向はみられる。

　それでも，前期中等教育において２割の生徒が脱落し，さらに，後期中等教育では１割の生徒が脱落している。2018年における教育省の目標は，前期中等教育の脱落率を３％に，後期中等教育の在学率を27.4％から45％にあげようとしている。

　小学校を９割の児童が卒業したとして，中学では８割の生徒が，高校では９割の生徒が卒業できる可能性がある。しかし，中等教育においては，もうひとつの大きな壁がある。それが国家試験である。

表6.1：脱落率の変化

	2009—10	2010—11	2011—12	2012—13
初等教育	8.3％	8.7％	8.3％	3.7％
前期中等教育	18.8％	19.6％	21.7％	20.0％
後期中等教育	11.2％	11.8％	13.7％	10.1％

②国家試験制度

　中学校３年間の最後に全ての生徒が国家試験を受ける。合格者には，基礎教育卒業証明書（Basic Education Diploma）が渡され，高校１年に進学する権利を得る。高校に進学する希望がない生徒でも，基礎教育卒業証明書を利用し，

職業訓練校に進学する権利を得る。職業訓練校に進学の際にも，基礎教育卒業証明書が必要だからである。さらに，高校３年時に，学期毎の試験の評価に加えてさらに国家試験の評価が加わる。卒業時の国家試験合格証明書を持つことが大学進学の条件となるからである。

　日本の場合は，高校を修了してから，大学への入学試験が大きな壁となるが，カンボジアでは高校からの卒業時の試験が大きな壁となる。高校に進学した生徒の多くは大学への進学を希望するが，そのためには，この試験をクリアする必要がある。

　2012年度における大学の在学率は13％である。ひとつのコーホートの13％が大学に在学している。他方，後期中等教育の在学率が27.4％であったから，後期中等教育から，大学への進学率は，約47％とみられる。高校生の半数が大学へ進学できるが，残り半数は大学へ進学できていないと考えられる。大学への入学は，私立大学の場合，経済的な問題であるが，国立大学の場合は学部によってその条件が異なる。しかし，この問題についてのデータは，高等教育に関するカンボジアの制度や統計，実態調査の研究を必要とする。

③ ICT 環境の整備

　さらに，小学校，中等教育を通して，国際的にも，現代社会の教育としてもＩＣＴ環境の整備は，カンボジアにおいても重要な問題となっている。

　高校レベルでは，2014年の教育計画の中で，普通科の中等技術高校（General Secondary Education and Technical Education High School, GTHS）を４校開設したとしている。この学校からの就職状況もよいことから，さらにこうした高校を増設する（2018年までに３校を追加）方向にある。

　また，2009年に作成された ICT 教育のマスタープランに続き，2014年には新たなプランも作成される予定となっている。2009年のプランによれば，基礎教育から高等教育，生涯学習にいたる教育において ICT が利用可能になるようにすること，教授と学習の質の改善を図ること，ICT の専門的スキルを学部生レベルで習得させること，そして ICT 機器を学校の運営にも役立てることの４つを目標としている。しかし，実際には，教育費の現状から見る限り，

こうしたプランがどれだけ実現できているかは疑わしいとみられる。

2　調査結果にみる進路形成の課題

（1）進路形成意識の変化

　「将来就きたい仕事がありますか」という問いに対する回答率は，小学生で89.1％だったが，中学生で95.7％，高校生で96％となり，中高生でははっきりと仕事に就くことを意識している。

　その内容の変化を農村部だけでみたのが表6.2である。高校生では，IT関係，建築関係や公務員の職業に就きたい比率の増加がみられる。他方，医者や教師になりたいという児童・生徒は，学校段階が高くなるほど低下し，作家は高校でいなくなる。この傾向は，高校生が小学生や中学生より

表6.2：カンダル州の小〜高の就きたい職業内容の変化

就きたい職業	農村部		
	小6	中3	高3
会社員	24.0％	13.6％	18.0％
公務員	8.2％	6.8％	16.4％
医者	22.2％	17.4％	13.1％
IT関係	2.7％	7.2％	11.5％
建築関係	3.6％	2.7％	10.7％
銀行員	14.0％	10.6％	9.0％
教師	18.5％	25.4％	7.4％
看護師	0.0％	2.7％	1.6％
作家	3.3％	2.3％	0.0％
その他	6.6％	11.4％	12.3％

いっそう現実的な職業選択に向かっていると言える。

　小学校について，都市部と比較した結果では，農村部の方が会社員や教員が多かった。

①小中高の職業観

　「社会的評価」の「偉くなるため」という項目を除き，職業に対する価値観をみると，高校生は，「経済性」の比率が高まっている（表6.3）。また，「社会的評価」では，「偉くなること」が中学生ではいったん低くなるが，高校生では再度高くなっている。また，「人に認められること」は，小学生，中学生，

第6章　カンボジアにおける教育制度と進路形成の教育的課題　　*159*

高校生となるに従い，その価値が高まっている。

「自己表現」「人間関係」「社会的奉仕」「義務感・使命感」といった項目でも，比率が高まり，職業の持つ価値についての認識が高まっていることがわかる。

図6.1には，地域別の小学校6年生が進学校を選ぶ際の重視点を示した。両地域の児童が「自分の学力」を優先的にしていることは共通している。しかし，「親・家族の勧め」「教師の勧め」「家からの距離」といった外部要因の影響が，農村部の児童に多い（x2＝0.230, p＜.01）。特に，農村部の小学生にとって，学校までの距離は大きな問題なのであろう。

さらに，進学の時の判断基準であるが，自分の学力を重視するというものの比率は，小学生（農村部41.6%，都市部56.5%）から，中学生で75.7%，高校生で84.9%と増加している。これは，職業選択における自律性の高まりといってよいであろう。

表6.3：職業観の変化

職業観		都市部	農村部		
		小6	小6	中3	高3
経済性	暮らすのに必要なお金をもらうため	6.2%	6.6%	92.7%	98.4%
	貧乏にならないため	46.6%	23.5%	72.3%	80.6%
	遊ぶのに必要なお金をもらうため	56.5%	34.5%	56.9%	64.5%
	お金持ちになるため	52.4%	46.4%	55.8%	59.7%
社会的評価	人に認められるため	33.6%	37.3%	74.5%	92.7%
	偉くなるため	82.9%	88.4%	26.3%	41.1%
自己表現	自分の得意なことを生かすため	14.0%	14.7%	90.9%	95.2%
	やりたいことをするため	34.6%	29.2%	72.6%	88.7%
人間関係	人と仲良くするため	32.5%	22.3%	79.2%	91.1%
社会的奉仕	世の中をよくするため	14.4%	12.2%	90.1%	94.4%
	人の役に立つため	51.4%	32.3%	55.8%	75.0%
義務感使命感	働くのはあたりまえだから	44.2%	36.4%	69.7%	74.2%

②地域間格差

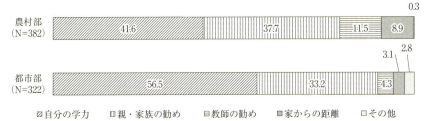

図6.1：進学校を選ぶ際の重視点

（2）留学希望の変化

　留学を希望する児童や生徒の比率をみた結果が，表6.4である。小学生では，都市部が農村部より高い。また，農村部のデータに限ると，小学校段階では，留学希望を持つ生徒は7割弱だったが，中学になって増加し，高校段階では8割以上になる。

　児童・生徒が留学したい国をみると，アメリカ，日本，フランス，オーストラリアなどといった先進国が中心である（表6.5）。小学校6年生や中学校3年

表6.4：留学希望の変化

学校段階	留学希望	性別 男	性別 女	合計
小6 プノンペン	はい	77.2%	83.8%	80.4%
	わからない	10.5%	8.8%	9.6%
	いいえ	12.3%	7.5%	9.9%
小6 カンダル州	はい	68.8%	70.5%	69.6%
	わからない	12.7%	6.2%	9.4%
	いいえ	18.5%	23.3%	20.9%
中3	はい	75.5%	78.2%	77.2%
	わからない	11.3%	12.4%	12.0%
	いいえ	13.2%	9.4%	10.9%
高3	はい	78.7%	83.5%	81.7%
	わからない	6.4%	7.6%	7.1%
	いいえ	14.9%	8.9%	11.1%

第6章　カンボジアにおける教育制度と進路形成の教育的課題　　161

表6.5：留学先の変化

留学先	小6	中3	高3
アメリカ	29.3%	32.9%	50.9%
日本	29.7%	13.1%	12.5%
シンガポール	16.5%	10.8%	9.8%
オーストラリア	17.7%	14.6%	7.1%
フランス	27.4%	16.9%	7.1%
スペイン	0.0%	0.0%	1.8%
フィリピン	0.0%	0.0%	1.8%
イギリス	0.0%	2.8%	0.9%
ニュージーランド	3.4%	0.9%	0.0%
スイス	0.0%	1.4%	0.0%
タイ	0.0%	1.4%	0.0%
韓国	0.0%	4.2%	0.0%
香港	0.0%	0.9%	0.0%

生と比べると，高校３年生はアメリカに集中し，オーストラリアやフランスへの希望が減少している。

多くの児童・生徒が留学したい国が，エリート教育を受けられる先進国である。その理由のひとつとしては，70年代のカンボジアが内戦の影響で教育全体がほとんど破壊され，さらに多くの教員や知識人が犠牲になり，自分たちの尊敬する人物像がわからず，教材やメディアによって紹介される人物のいる国への憧れがあるからだろう。また，英語圏としてのオーストラリアや，日本からの支援が子どもたちにそれぞれの国への憧れをもたらしているとみられる。

（3）進路形成の要因分析結果

本研究では，進路形成に影響を及ぼす要因として，特に，5つのカテゴリーに焦点を当てて分析してきた。親の職業・学歴や教育資産を含む家庭の文化的背景，ICT の利用状況，進学と留学希望，就きたい職業の有無と内容，そして学力の得意不得意や好きな活動などの自己評価である。

特に，第2章から第4章では，進学希望を従属変数として，その他の要因を独立変数として，進学希望に影響を及ぼす強い要因が何かを探ってきた。

第2章では，地域間比較を行う一方，小学生の進学希望に影響する要因の相関を見た。その結果，進学希望との関係をみると，各変数のいずれもが進学希望と正の関係にある。特に，自己評価，留学希望，ネット回線の有無，親の学歴（特に父親の学歴）は，児童の進学希望と強い関係にある。自己評価の影響

が最も大きく，留学希望，ネット回線，辞書の有無がこれに続く。

第3章では，進学希望との相関を見るため，偏相関係数の結果を検討した。それまでの統計分析の結果から，進学希望に大きな影響をもたらすものとして，参考書の有無，自己評価，父親の学歴，判断基準，父親の職業，蔵書冊数を選択した。その結果，参考書の有無が最も大きな要因とみられ，自己評価，父親の学歴，蔵書冊数がそれに続いた。

この小学校，中学校の結果からは，家庭の教育的資産として，参考書や辞書の有無が大きな影響を進学にもたらすとみられる。

しかし，小学生や中学生の時にそれほど見られなかった性差が，高校生の分析の過程では，いろいろな相違をもたらしていた。そこで，高校生の要因分析においては，性差を独立変数として，組み込んだ。また，進学希望自体の項目も，大学までか，大学院以上の選択肢に限られたため，進学希望のグループをこの2つに限定し，その判別分析を行った。その結果，性別要因が最も大きく，パソコンの利用経験と父親の学歴がそれに続いている。

同時にこれまでの小学校や中学校の時のように，学力に関する自己評価はまったく正反対の関係になってしまった。これは，学力の自己評価において，男性に比べ，女性の自己評価が全体に低かったことが関わっている。また，大学院進学を希望するグループにこうした低い自己評価を持つグループが含まれていることとも関係している。

また，進学の判断基準として，中学，高校になるに従い，自己の学力を判断基準とする生徒が増えてきたにも関わらず，父親の学歴の影響は残されていることがわかる。小学校6年生の場合，進学校を選ぶ際に親や教師の意見を中心に決めることが多かったが，中学校3年生の場合は，自分の学力を中心に選ぶ生徒が多かった。つまり，進学希望は空想的なものから現実的なものへ変化しており，高校3年生の場合は，さらに自分の学力を中心に選ぶ生徒が中学校3年生より多くなっていた。

3　カンボジアのキャリア教育の構築に向けて

　カンボジアの児童や生徒のキャリア教育について，制度の考察や社会統計，そして独自の調査結果から，各学校段階の進路選択の問題を論じてきた。

　しかし，以上の研究過程で，カンボジアの児童や生徒のキャリア教育を充実するための研究課題や今後のカンボジアの発展のために必要と考えたいくつかの課題がある。

　第1に，カンボジアの教育内容や方法の中で，ICT 教育と Life skill プログラムが持つ重要性である。残念なことに，ICT 教育については，その統計がほとんどなく，その理由は小学校から高校にいたるまでの学校に ICT の設備が不十分なままであるという現状がある。キャリア教育の充実を図る上で，実際の社会の職業に関する情報を得るためには，教科書だけではなく，学校図書館やパソコンによる情報収集は不可欠である。地域社会の実際の仕事の現場を知るプログラムとして，Life skill プログラムが，制度上は実施されているように記載されているが，その統計はない。学校によってどの程度このプログラムが実施されているかの調査研究が必要である。

　第2に，第3章で述べた職業訓練校の問題である。教育省の統計をみてもその実態は不明のままである。実際，私立大学の統計さえ，不十分なカンボジアだが，実際のカンボジア社会でこの教育機関が果たしている役割が大きいと推測できる。中学校卒業後あるいは高校卒業後，高校や大学に進学できなかった生徒の受け皿としてこの教育機関は機能しているはずである。

　第3に，グローバル化の波は，カンボジアにも押し寄せている。本研究では，留学問題のみについて項目を立てたが，小学校段階から存在するインターナショナル・スクールもカンボジアに増えつつあることがホームページをみるとわかる。教育省の教育政策の中でも，PISA や TIMMS といった国際調査への対応を行うための政策案がみられる。

　こうしたインターナショナル・スクールや職業訓練校についての調査研究も

また，広い意味でのキャリア教育の研究となってくるだろう。

　第4に，高校卒業後の高等教育の問題である。高等教育研究はカンボジアの労働市場における Mismatching の解消に向けて，非常に重要な課題となる。世界各国では，高校と大学の接続問題が問われ始めている。確かにカンボジアでは，中学高校が一貫した学校が多くみられるが，これらの学校がどのように，それぞれの大学とつながっているかを知ることも重要であろう。

　都市を別にして，カンボジアの産業においては，未だに農業が大きな役割を果たしている。世界各国では，農業が大規模産業となり，電子産業やサービス産業が大きく発展している。このような状況の中で，今後カンボジアの産業がどのように発展するか，という大きな社会的視野の中で，キャリア教育を考えていく必要があるだろう。

第6章 カンボジアにおける教育制度と進路形成の教育的課題　　*165*

参考文献

コンエン，（2015），「カンボジアの初等教育の現状と特色に関する考察―ポル・ポト政権後の発展とライフスキル政策―」，『人間文化』，37号，pp.2-6

コンエン，（2016），「カンボジアの初等教育における進路形成に関する実証的考察―都会部と農村部の小学校調査を中心に―」『生涯学習・社会教育研究ジャーナル』第9号

コンエン，（2016），「カンボジアの後期中等教育における進路意識の形成に関する実証的考察―農村部（カンダル州）の前期中等教育レベルとの比較を中心に―」

MoEYS,（2014），*Education Strategic Plan 2014-2018*

MoEYS,（2010），*Master Plan for Information and Communication Technology in Education*

Paola Massa Lane, & Kurt BredenbergAli,（2012），*Life Skills Practics in Cambodia, NGO Education Partnership（NEP）*

あとがき

　本書は，2016年度に神戸学院大学大学院に提出し，博士（人間文化学）の学位を授与された博士論文「カンボジアにおける教育制度の特色と進路形成に関する実証的考察」に，部分的に補正・加筆を施したものであり，その全体の論旨は変わっていない。

　本研究への取り組みに当たって，多くの先生方のご支援とご指導をいただき，深く心から感謝しております。まず，前林清和教授は私の留学生活の中で，大学院入学当初からずっと応援してくださり，ご指導をしてくださいました。

　また，博士後期課程に進学してからは，指導教官である立田慶裕教授が日々多忙なスケジュールの中，ご指導の時間をとっていただき，厳しくご指導をいただきました。研究に当たって，論文の執筆や統計の分析のプロセスで息が詰まった時にはやさしく励ましてくださり，日々辛抱強く見守ってくださいましたことに，心より深く感謝をしております。

　さらに，博士論文の作成にあたり，予備論文の査読だけでなく，研究や学習活動の中で，今西幸蔵教授と赤井敏夫教授はあたたかくご指導をして下さいました。

　また，修士課程を含めて，博士学位論文の完成までに，奨学金を提供してくださった倫理研究所"丸山奨学金"に深く感謝しております。そのご支援のおかげで，経済的な心配もなく，日本での留学生活を博士前期課程から博士後期課程まで研究に集中的することができました。

　本研究の調査の際に，カンボジアのプノンペン市にある小学校と，カンダル州の小学校から高校まで調査を行いました。その先生方のご協力のおかげで，小学校6年生，中学校6年生，と高校6年生を対象としたデータを収集することができました。そして，カンダル州に住んでいる友達のコーディネートがなければ，有効なデータを取ることができませんでした。

私の兄弟もデータの作成と収集を手伝ってくれました。私の研究に，励まし
をくださり，貢献してくださったすべての皆様に心から感謝を述べます。この
気持ちを忘れずに，今後教育者や研究者になることができれば，この恩を若者
や後輩たちに返していきたいと思っております。

　なお，本書の出版にあたっては，神戸学院大学人文学部人文学会の博士論文
出版助成金をいただきました。深くお礼申し上げます。

　最後に，今日まで自分の思う道を進むことに対して，温かく見守りそして辛
抱強く支援してくださった両親に深謝いたします。

平成29年12月19日

コン　エン

索　引

あ行

ICT···· 6, 47, 50, 78, 81, 87, 105, 113, 116, 125, 134, 145, 158, 162, 164
ASEAN··············· 15, 18, 19, 29, 30, 144
アルバイト································· 148
生きる力································· 24
移行率································· 109
NGO············· 16, 26, 31, 40, 43, 74, 114
親の学歴····· 48, 49, 55, 56, 58-61, 67, 78, 80, 81, 85, 86, 90, 92, 93, 114, 115, 123, 124, 130-132, 162, 163

か行

開発方策··· 3, 9, 19, 20, 23-25, 30, 32, 153
学習状況································· 55, 57
学歴···· 4, 18, 35, 47-49, 56, 58-61, 66, 67, 74, 76, 78, 80, 81, 85, 86, 90-94, 96, 107, 108, 114, 115, 123, 124, 130-132, 139, 140, 155, 156, 162, 163
学校外学習································· 57, 58
学校数············· 2, 13, 14, 72-74, 106, 107
家庭環境································· 47, 56
カリキュラム······· 2, 3, 10, 17-22, 25-30, 32, 40, 41, 44, 59, 67, 70, 72, 77, 90, 94, 95, 102, 104-106, 133, 134, 142, 143, 153, 155
カンダル州······· 2, 4-6, 45-47, 65, 74-78, 85, 101, 108, 109, 113, 123, 138, 159, 161
カンボジア国立教育研究所········· 6, 138
キー・コンピテンシー················· 24, 25
基礎教育····· 13, 20, 22, 30, 65, 68, 69, 72, 89, 102-104, 153, 157, 158
キャリア教育···· 1-4, 6, 35, 36, 41, 44, 45, 59, 61, 67, 77, 94, 96, 133, 154, 155,

164, 165
キャリアガイダンス············· 36, 61, 154
教育アスピレーション················· 38, 39
教育省······· 3, 6, 13, 17, 19, 20, 23, 25-27, 30, 65, 66, 69, 71, 72, 74, 103, 105, 107, 109, 110, 137, 138, 140-142, 149, 157, 164
教育制度··· 1, 3, 4, 6, 8, 11, 12, 19, 30, 32, 35, 36, 39, 40, 44, 59, 61, 66, 76, 94, 96, 103, 133, 153, 155, 157
教育戦略計画································· 7
教育的資産······· 49, 50, 56, 59-61, 80, 86, 87, 92-96, 115, 124, 163
教育の質の向上プロジェクト········· 141
教員給与··············· 10, 16-19, 156
教員数···· 15-19, 31, 72-74, 106, 107, 139, 140
教員養成センター··· 6, 137, 141-144, 147
教員養成プログラム····················· 144
ギンズバーグ························· 36, 37
クメール語······· 17, 21, 22, 25, 30, 40, 42, 72, 84, 103-105, 153
クライツ································· 112
後期中等教育····· 5, 20, 30, 46, 69, 71, 72, 74, 101-104, 106, 108, 109, 112, 113, 123, 132, 133, 142, 143, 148, 155-158
コーホート····························· 109, 158
国立教育施設························· 143
国立教育政策研究所······· 47, 78, 95, 112
国立雇用機関························· 70
国家試験········ 4-6, 13, 68, 69, 71, 74, 96, 101-103, 107, 109, 133, 142, 144, 146-148, 155-158
国家統計機関························· 76
ゴットフレッドソン····················· 112
コミュニティー············· 40, 41, 67, 104

169

さ行

残存率……………………………………… 10

識字率……………………… 8, 17, 22, 50, 81

自己評価…… 1, 47, 54-60, 66, 67, 77, 79,
83, 85, 89, 91, 93, 94, 114, 120-122,
129-131, 133, 162, 163

システム… 21, 35, 44, 69, 70, 76, 146, 147

次世代への教育…………………………… 145

児童数…………………………………… 13-18

指名教員………………………… 107, 140

修了率………………… 74, 75, 108-111

授業料………… 102, 103, 134, 155, 156

純就学率…………………………………… 10

生涯学習……… 3, 9, 21-24, 30, 32, 40, 72,
102, 158

職業訓練……… 42, 43, 59, 69, 70, 72, 105

職業訓練校……… 2, 4, 6, 13, 41, 43, 44, 59,
69, 72, 76, 158, 164

職業準備スキル………………………… 27, 42

職業スキル…………… 27, 32, 42, 70, 133

初等教育…… 1-4, 10, 11, 15, 17-20, 22, 25,
26, 29, 30, 32, 40, 41, 44-47, 59, 60,
65, 67, 68, 72, 85, 96, 138, 143, 153,
154, 157

進学希望…… 1, 4, 5, 47, 51, 52, 55-60, 66,
69, 77, 78, 81, 85, 87, 88, 91-94, 96,
101, 113, 117, 118, 125, 126, 130-133,
162, 163

進学率……… 1, 2, 46, 66, 74-76, 94, 106,
108-110, 113, 139, 158

進路形成（意識）…… 1-4, 6, 36, 38, 41, 44,
45, 47, 61, 65, 67, 68, 76-78, 85, 91,
94, 95, 102, 111, 113, 123, 130, 132,
133, 153, 154, 157, 159, 162

スーパー…… 4, 36, 37, 39, 54, 67, 111, 112

生徒数………… 10, 72-74, 106, 107, 139

前期中等教育…… 2, 4, 5, 26, 44, 46, 65, 68,
69, 71, 72, 77, 78, 94, 96, 101, 108,
109, 123, 142, 143, 154, 157

専業主婦……………… 48, 80, 85, 114, 123

相関係数……………… 58, 92, 93, 163

総就学率…………………………………… 10

た行

大学………… 13, 36, 48, 51, 52, 60, 69, 70,
80-82, 86, 87, 92, 102, 103, 106-108,
110, 111, 115, 117, 118, 123-127,
130-134, 137, 139, 143, 146, 149, 157,
158, 163-165

脱落率…………………… 109-111, 157

地域間格差……… 4, 35, 39, 47, 49, 56, 161

地域教員養成校…………………………… 143

地域生活技能プログラム……………… 17

地域ライフスキル（教育）…… 21, 25-28,
31, 40, 41, 43, 68

父親の職業…… 48, 56, 57, 79, 85, 86, 91,
93, 94, 114, 163

中等教育……… 1-4, 19, 40, 41, 45, 59, 67,
134, 138

就きたい職業…… 47, 52, 53, 56, 77, 79, 82,
83, 85, 88, 91, 96, 113, 118, 119, 126,
127, 131-133, 154, 159, 162

都市部……… 4, 35, 44, 45, 47, 49-58, 146,
148, 159-161

途中退学（者）…… 1, 6, 10, 13, 43, 46, 69,
76, 134, 155, 157

途中退学率……………………………… 74-76

ドロップアウト……………………… 11, 26

な行

農業………… 17, 40, 45, 60, 76, 80, 91, 165

農村部…… 4, 5, 44, 46, 47, 49-58, 80, 101,
148, 159-161

は行

ハヴィガースト…………………… 38, 39, 95

万人のための教育………… 94, 96, 155

汎用的ライフスキル……………………… 27

非常勤教員…………………………… 140

プノンペン…… 4, 35, 45-47, 77, 80, 161
Priority Action Plan 12………………… 71
フランス……… 7, 36, 39, 52, 82, 105, 118,
　126, 161, 162
文化的資産………… 58, 60, 61, 66, 67, 80
ポル・ポト政権…… 1, 3, 5, 35, 39, 44, 65,
　76, 90, 137

ま行

ミスマッチ………………………… 59, 154

や行

USAID………………… 11, 26, 28, 31, 76
ユネスコ…………… 8, 23, 24, 94, 140, 155

ら行

ライフスキル……… 17, 19, 21-29, 31, 32,
　40-44, 65, 68-70, 72, 104, 133, 153
ライフスキル・プログラム………… 3, 6,
　40-42, 59, 61, 67, 89, 95, 133, 154
留学希望…… 6, 47, 51, 52, 56, 58-60, 78,
　81, 82, 87, 113, 117, 118, 125, 126,
　132, 133, 161-163
労働職業訓練省………………………… 43, 69

わ行

ワールドバンク……… 3, 6, 137, 138, 145

■著者略歴

KONG ENG（コン　エン）
　　1985年生まれ
　　2013年神戸学院大学人文学科修士課程修了。2017年同大学博士課程修了。博
　　士（人間文化学）
　　博士課程では「カンボジアにおける教育制度の特色と進路形成に関する実証
　　的考察」について研究

カンボジアの教育制度と進路形成意識
　　――初等・中等教育の現場から

2018 年 3 月 30 日　初版第 1 刷発行

　　　　　　　　　　　　　　　　著　者　コン　　エン

　　　　　　　　　　　　　　　発行者　杉田　　啓三

　　　　　〒 607-8494　京都市山科区日ノ岡堤谷町 3-1
　　　　　　　　発行所　株式会社　昭和堂
　　　　　　　　　　振替口座　01060-5-9347
　　　　TEL（075）502-7500／FAX（075）502-7501
　　　　ホームページ　http://www.showado-kyoto.jp

© コン　エン 2018　　　　　　　　　　印刷　亜細亜印刷

ISBN978-4-8122-1723-8

＊乱丁・落丁本はお取り替えいたします。
Printed in Japan

本書のコピー、スキャン、デジタル化の無断複製は著作権法上での例外を除
き禁じられています。本書を代行業者等の第三者に依頼してスキャンやデジ
タル化することは、たとえ個人や家庭内での利用でも著作権法違反です。